W0310757

AtV

Die Besitzerin der schönen Scottish-Fold-Katze Lulu, die Alice Nestleton, verkannte Schauspielerin und Catsitterin im Nebenjob, gegenwärtig betreut, ist Mitglied des weltberühmten Riverside Streichquartetts. Eigentlich wollten sich die vier Damen des Quartetts nach ihrer verpatzten Europatournee ganz allein ins Covington Kunstzentrum zurückziehen – ohne Männer und ohne Haustiere –, um wieder zu sich selbst zu finden. Aber natürlich muß der Manager mit, und dann kommt einer der Ehemänner, und schließlich reist der Pianist Will Gryder an, der dem Damenquartett seit Jahren eng verbunden ist. Am Ende wird wegen der Mäuseplage auch noch die Katze Lulu zugelassen. An dem Abend, als Alice mit ihr eintrifft, findet man Will Gryder erstochen im Tonstudio auf. Hat eine der vier ebenso sensiblen wie egozentrischen Musikerinnen die Tat begangen?

Die Katzenlady und Amateurdetektivin Alice kann es nicht lassen und mischt sich in die Aufklärung des Falls ein.

LYDIA ADAMSON ist das Pseudonym einer bekannten amerikanischen Krimiautorin. Bisher im Aufbau Taschenbuch Verlag erschienen: »Eine Katze kommt selten allein«, »Eine Katze macht Theater«, »Eine Katze im Wolfspelz«, »Eine Katze bittet zum Tee«, »Eine Katze hinter den Kulissen«.

Lydia Adamson

Eine Katze schlägt den Takt

Kriminalroman

Aus dem Amerikanischen
von Christine Pavesicz

Aufbau Taschenbuch Verlag

Titel der Originalausgabe
A CAT WITH A FIDDLE

ISBN 3-7466-1171-7

1. Auflage 1997

Umschlaggestaltung Torsten Lemme
unter Verwendung einer Illustration von Rainer Fischer
Satz LVD GmbH, Berlin
Druck Elsnerdruck GmbH, Berlin
Printed in Germany

1

Ich kenne einen Schauspieler, der in der Lower East Side von New York City geboren wurde. Jerry hat immer gesagt, die beängstigendste Vorstellung sei für ihn, in einer finsteren Nacht ganz allein auf dem Land zu sein. Ich als Mensch, der auf einer Farm geboren und aufgewachsen ist, habe über seine Großstadtparanoia immer gelacht.

Doch als ich mich in jener Herbstnacht im ländlichen Massachusetts verirrt hatte, verstand ich, was Jerry meinte. Die Finsternis schien alle paar Minuten doppelt so undurchdringlich zu werden, und ich konnte nichts dagegen tun.

Ich bekam nicht heraus, welcher von den vielen Knöpfen auf der Konsole meines Mietwagens für das Fernlicht war. Und zu allem Übel krallte sich jetzt unten, neben dem Gaspedal, Lulu in meine Knöchel. Ich hatte den Verschluß des Katzenkorbs nicht fest genug zugemacht, und sie hatte sich daraus befreit.

Lulu war natürlich nicht meine Katze. Meine waren gesund und munter zu Hause und wurden abwechselnd von meinem Freund Tony und meiner Nachbarin Mrs. Oshrin versorgt. Lulu war eine braungetigerte Scottish-Fold, eine Faltohrkatze mit hinreißenden goldenen Augen und den süßesten Ohren der Welt – sie waren nach vorne gefaltet. Ich betreute sie als Catsitterin. Sie lebte gewöhnlich bei Beth Stimson, einer Frau in meinem Alter, die zweite Geigerin im Riverside Streichquartett war. Beth hatte mich gebeten, Lulu zu nehmen und nach West-Massachusetts hinaufzubringen, wo sie ein paar Wochen auf Urlaub war – oder »im Refugium«, wie sie es genannt hatte. In dem Haus, wo sie wohnte, hatte Beth gesagt, wimmelte es von Feldmäusen, also waren Lulus Fähigkeiten als Mäusefängerin gefragt. Aber mir konnte sie nichts vormachen. Ich wußte, daß sie sich einfach nach ihrem Kätzchen sehnte.

Doch warum hatte ich in ihren Vorschlag, da oben doch auch selbst gleich ein wenig Urlaub zu machen, so begeistert eingewilligt? Weil ich eine kleine Pause brauchte, deshalb. Und zwar ganz dringend. Nicht nur, weil das Stück, in dem ich – weitab vom Broadway – die Hauptrolle gespielt hatte, nach elf Vorstellungen unrühmlich abgesetzt worden war – ich war auch noch ganz speziell hervorgehoben und total verrissen worden. Nicht nur verrissen. Vernichtet. Von einem sehr bekannten Theaterkritiker, der als Gastautor für den *New Yorker* arbeitete.

Er hatte unter anderem geschrieben:

Alice Nestleton steht in dem wohlverdienten Ruf, eine der besten unterschätzten Schauspielerinnen des amerikanischen Theaters zu sein, doch diese Aufführung trägt nicht dazu bei, diesen Zustand zu ändern.

Zugegeben, es ist sehr schwierig, Henry James auf die Bühne zu bringen (wenngleich es einige brillante Ausnahmen gibt, die diese Regel bestätigen). Zugegeben, daß James' *Das Tier im Dschungel* eines seiner kompliziertesten Spätwerke ist, da es darin um zwei Menschen geht, die in unergründlichen Zwängen befangen sind, die sie daran hindern, sich zu ihrer Liebe zu bekennen. Aber abgesehen von alledem ist Miss Nestletons klaustrophobe, mütterliche Darstellung der zum Scheitern verurteilten Heldin May Bartam tödlich und die sturste Fehlinterpretation einer Hauptrolle, die ich seit vielen Saisonen gesehen habe.

Ich war damit klargekommen. Meine Freunde waren mir eine große Hilfe gewesen. Aber ich brauchte einen Urlaub.

Offenbar hatte ich irgendwo eine Abzweigung verpaßt oder ein Straßenschild falsch gelesen. Die hohen Bäume, die sich auf beiden Seiten über die Straße neigten, schienen mich auf dieser Fahrt ins Nirgendwo zu verfolgen. Und jetzt benahm sich Lulu *wirklich* schlecht.

Ich fuhr an den Straßenrand und setzte sie wieder in ihren Tragkorb. Ich tastete herum, bis ich die Innenbeleuchtung fand, und sah dann auf den Karten dieser Gegend nach, die Tony in dem Reisebücherladen in der Nähe des Rockefeller Center für mich gekauft hatte.

Es wurde kalt, und ich spürte, wie der Wind durch den Kleinwagen blies. Doch als ich die Karte studierte, erschien mir meine Lage nicht ganz so aussichtslos. Wenn ich dem kleinen weißen Schild glauben sollte, auf dem stand, daß ich jetzt in das Dörfchen Hopewell fuhr, hatte ich mich gar nicht so sehr verirrt. Ich mußte nur zusehen, daß ich nach Northampton kam – das ich anscheinend um ein paar Meilen verfehlt hatte. Beth Stimson hatte Northampton vor meiner Abfahrt sogar erwähnt. Sie wohnte im 'Covington-Zentrum – was immer das war –, das sich am Rand eines kleinen Dorfes namens Covington befand, und dieses war wiederum vierzig Autominuten von dem größeren Northampton entfernt.

Und Northampton kannte ich, weil dort das Smith College beheimatet war, wo ich nicht nur einmal ein Workshop besucht hatte, sondern auch als Gastlektorin für eine Gruppe von Schauspielschülern engagiert worden war – auf freundliche Empfehlung meiner Freundin Amanda Avery, die dort Theaterwissenschaften unterrichtete.

Ich mußte an den Spruch »Da führt kein Weg hin« denken. Anders ausgedrückt, ich fand nicht hin, weil ich nach Covington suchte, doch die einzige Möglichkeit, nach Covington zu gelangen, bestand darin, zuerst Northampton zu finden. Und das tat ich dann auch.

Es war fast zehn, als ich scharf von der Straße abbog und auf das Gelände des Zentrums fuhr. Wie sich herausstellte, war es weder ein Hotel noch eine Privatpension noch eines der exquisiten Landgasthäuser von Neuengland. Auf dem groben, verwitterten Schild an der Eingangstür stand: KUNSTZENTRUM COVINGTON. GEGRÜNDET 1919.

Es gab ein riesiges Haupthaus, in dem Licht brannte. Von den unbeleuchteten kleineren Gebäuden dahinter konnte ich nur die Umrisse sehen. Langsam fuhr ich zum Haus und parkte den Wagen auf einem ehemaligen Rasen, schnappte die Katze und ging auf die Tür zu.

»Wo wollen Sie hin?«

Erschreckt von der Stimme drehte ich mich um und sah mich einer erschöpft wirkenden Frau gegenüber, die gerade eine Plastiktüte mit Müll in einen großen hölzernen Behälter an der Seite des Hauses werfen wollte.

»Ich suche Beth Stimson«, antwortete ich genauso schroff, wie die Frau mit mir gesprochen hatte.

»Oh. Na, dann gehen Sie 'rein«, sagte sie ungeduldig. »Stehen Sie hier nicht 'rum – gehen Sie 'rein.«

Ich klopfte laut und öffnete dann die schwere Tür. Und da kam mir auch schon Beth entgegen. Ihr langes braunes Haar war aus dem Gesicht gekämmt und fiel offen über den Rücken ihres schwarzen Rollkragenpullovers.

»Da sind Sie ja!« rief sie. »Ich habe mir schon Sorgen um Sie gemacht – ich wollte schon die berittene Polizei rufen.«

»Ich hab' mich nur ein bißchen verirrt, Beth.« Ich beugte mich hinunter, um den Verschluß des Katzenkorbs zu öffnen, und Lulu war wieder mit ihrer Freundin vereint.

Irgendwo im Inneren des Hauses erklang Musik. Schubert. Ich schaute an Beth und Lulu vorbei, durch das dunkle Wohnzimmer in die riesige Küche. Ich konnte die Ecke eines großen Eichentisches sehen, an dem eine Frau mit einem Glas in der Hand saß. Es waren auch noch andere Leute da hinten. Ich konnte leises Stimmgemurmel hören.

»Kommen Sie mit, Alice.« Beth hatte Lulu losgelassen und nahm mich jetzt am Ellbogen. »Ich stelle Sie den anderen Typen vor.«

Die »Typen« waren gar keine Typen. Es waren drei reizende Frauen, Beths Kolleginnen im Riverside Streichquartett. Der Reihe nach wurde ich allen vorgestellt: Roz Polikoff, der ersten Geigerin, Darcy Wilson, der Violaspielerin und Miranda Bly, der Cellistin. Weiterhin war Mathew Hazan zugegen, der engelsgleiche Manager des Ensembles, und Ben Polikoff, dessen Gesicht ich aus den Zeitungen kannte, weil er ein einflußreicher New Yorker Geschäftsmann war.

Als mich Beth auf einen kleinen Erholungsurlaub hierher eingeladen hatte, war ich gar nicht auf die Idee gekommen, daß ihr ganzes Ensemble ebenfalls hier sein würde. Ich fragte mich, was für ein Urlaub das wohl für sie war und was für ein Urlaub das für mich werden würde. Natürlich hatte ich schon von allen Frauen des Ensembles gehört, obwohl ich sie nicht namentlich hätte nennen können. Das Riverside Streichquartett war schließlich eines der ersten erfolgreichen rein weiblichen Ensembles in der Welt der klassischen Musik; es gab sie schon ziemlich lange, seit den späten siebziger Jahren. In gewisser Weise waren sie alle Berühmtheiten.

»Und das ist unsere Köchin, Mrs. Wallace«, sagte Beth und deutete auf die schroffe Frau, die mich draußen angesprochen hatte. In dem beleuchteten Zimmer konnte mich Mrs. Wallace besser von oben bis unten mustern. Sie nickte mir kurz zu und zog sich zurück. Ich war offensichtlich mitten in eine Party geplatzt – oder vielleicht auch in eine Brainstorming-Sitzung –, oder vielleicht saßen sie auch nur alle nach einem späten Abendessen da und entspannten sich. Jedenfalls herrschte auf dem Tisch ein schreckliches Durcheinander: Käserinden, Obstschalen, Dessertteller und Kaffeebecher, und in der Mitte eine riesige Flasche Martell Cognac.

Darcy Wilson, die schwarz und zierlich und ungewöhnlich hübsch war, hob Lulu hoch und sah sie prüfend an. »Ich finde, sie sieht aber nicht aus wie die beste Mäusefängerin von Nordamerika, Beth.«

»Hab' Vertrauen«, antwortete Beth leichthin, und erst da erinnerte ich mich wieder daran, unter welchem Vorwand Lulu hier war.

»Wir haben noch einen Mann an Bord, Alice«, sagte

Beth. »Aber er ist anscheinend im Augenblick nicht an Deck. Wo *ist* denn eigentlich der liebe Will?«

»Wahrscheinlich steht er irgendwo vor einem Spiegel und bewundert sich«, sagte Miranda, die Cellistin. Sie zündete sich eine Zigarette an.

Diese kryptische Bemerkung bezog sich, wie ich sogleich erfuhr, auf Will Gryder, den Konzertpianisten, der häufig als Gastsolist mit dem Quartett auftrat. Wie mir Roz Polikoff mitteilte, spielte Will das Stück von Schubert. Eine alte Aufnahme von ihm war soeben wieder ausgegraben worden und auf CD herausgekommen.

»Ihr wißt ja, wie Will ist«, schmunzelte Mathew Hazan. »Wahrscheinlich ist er im Studio und brütet vor sich hin.«

»Also, ich führe Alice mal ein wenig herum«, sagte Beth und ging mit mir zur Küchentür, die ins Freie führte.

»Kommen Sie dann auf einen Drink, Alice!« rief Ben.

»Okay, danke.«

»Macht weiter, Kinder«, sagte Beth. Doch bevor wir hinausgingen, nahm sie von einem Haken neben der Speisekammer einen schönen, durch das Tragen noch veredelten Schaffellmantel. »Den werden Sie brauchen«, sagte sie und reichte ihn mir. »Sie sind nicht warm genug angezogen.«

Sie hatte recht. Es war kälter geworden. Aber es war eine wunderschöne, sternklare Nacht. »Morgen werden Sie mehr sehen können«, sagte Beth. »Bei Tageslicht. Es ist sehr schön hier. Gehen wir den Hügel hinauf, ja? Ich stelle Sie Will vor.«

»Gut«, sagte ich. »Was ist das hier, Beth? Werden hier Exerzitien abgehalten oder so was?«

»Wohl kaum. Es ist eine Künstlerkolonie, in der gearbeitet wird. Maler, Schriftsteller, Bildhauer und Komponisten und so weiter – viele von ihnen beziehen irgendeine Form von finanzieller Unterstützung. Aber im Augenblick ist das Geld knapp. Das Zentrum ist nur im Frühling und im Sommer geöffnet; das restliche Jahr über wird es monatsweise an private Gruppen vermietet.«

Langsam gingen wir in der finsteren Nacht den Hügel hinauf; die Steine knirschten unter unseren Füßen. Sie bewegte sich in der Dunkelheit sehr sicher und blickte nicht – wie ich von Zeit zu Zeit – zum raschelnden Wald hinüber, der uns umgab.

»Sie fragen sich wahrscheinlich, was wir alle hier oben tun«, sagte sie nach einer Minute.

»Ich nehme an Sie üben – oder so was.«

»Nicht direkt. Zumindest nicht *nur*.«

Ihre Bemerkung hatte etwas Kryptisches an sich, und ich wartete darauf, daß sie fortfuhr.

»Unser Aufenthalt hier oben ist für uns ... ach, eine Art Heilmittel ... eine Art Erholung ... nach der Europatournee. Sie war, mit einem Wort, furchtbar. Eine echte Katastrophe. Wir haben scheußlich gespielt. Wir haben uns gestritten. Wir wurden von den Kritikern fast in der Luft zerrissen. Und wir sind total erledigt und erschöpft zurückgekommen. Sie haben gesagt, wir hätten das gewisse Etwas verloren, Alice. Daß wir vielleicht vier gute Musikerinnen seien, aber nichts, was einem Quartett auch nur im entferntesten ähnelt. Keine Einheit. Es tut weh, wenn man solche Kritiken bekommt. Es tut wirklich weh.«

»Oh«, sagte ich, »ich glaube, ich weiß, wie das ist.«

»Hmm. Aber das Traurige daran ist – wer könnte ihnen widersprechen? Wahrscheinlich waren wir einfach ausgebrannt. Und daher sagte Mat nach unserer Rückkehr, es sei Zeit, daß wir wieder zusammenwachsen. Er dachte, es wäre gut, wenn wir eine Zeitlang mal von allem wegkommen, keinem Druck ausgesetzt sind, uns überlegen, wie die nächste Saison aussehen soll, einige Dinge, die uns irgendwie abhanden gekommen sind, wieder perfektionieren. Aber was noch wichtiger ist, er möchte, daß wir einander wieder kennenlernen, daß wir wieder spüren, wie sehr wir einander ... brauchen ... lieben. Also mietete er dieses himmlische Anwesen und besorgte uns eine Köchin, die uns mit tollen Speisen verwöhnt. Eigentlich war es als eine ganz altmodische Klausur gedacht – ohne Ehemänner, ohne Liebhaber, ohne – nun, auch ohne Haustiere. Wir sollen nur reden und spielen und uns erholen. Aber wie Sie sehen können, holen wir uns allmählich unser Stadtleben hier herauf. Eins nach dem anderen.«

Jetzt brach Beth ihre Erklärung ab und zeigte mir die überwucherten Pfade zu den diversen Hütten und Studios auf dem Grundstück. Irgendwo im Wald hörte ich einen Bach, der den Hügel hinunterplätscherte.

Im Mondlicht konnten wir die Umrisse von Wills Studio sehen. Es war eine große umgebaute Scheune mit Mansardenfenstern, die rund um den ersten Stock verliefen.

Dann kam Beth wieder auf ihr Thema zurück. »Ich glaube, in gewisser Weise war es wirklich als geistige Klausur gedacht. Aber ich weiß nicht, ob es funktioniert. Vielleicht sind wir zu alt, zu zynisch. Jedenfalls, wie ich schon sagte: eins nach dem anderen holen wir her. Zuerst Roz' Mann, Ben – aber das war ja wohl zu erwarten. Roz hat ein geniales Talent dafür, zu bekommen, was sie will.«

Vor meinem geistigen Auge sah ich Roz, die blasse Geigerin – mit ihrer prächtigen, unglaublich lockigen rotblonden Haarmähne, den unglaublich durchdringenden blauen Augen, dem perfekt geformten, hungrigen Mund mit unglaublich perfekten Zähnen und einer Stimme, von der man sich gerne in den Schlaf singen lassen würde.

»Dann tauchte Will hier auf«, fuhr Beth fort, »und dann Lulu. Darcy wird wahrscheinlich nächste Woche das Kind ihrer Schwester hierher einladen. Na ja ... ich glaube, nichts funktioniert immer genau nach Plan, nicht wahr? Außer vielleicht Bach.«

Jetzt standen wir auf dem Gras vor der Scheune. »Sind Sie sicher, daß Will nichts dagegen hat, wenn wir ihn stören?« fragte ich. »Vielleicht möchte er allein vor sich hin brüten.«

Beth lachte. »Das bezweifle ich. Ich habe nie erlebt, daß Will auf die Gelegenheit verzichtet, eine schöne Frau kennenzulernen. Und auch umgekehrt.«

Sie stieß die Tür ins Studio auf und ging hinein. Ich folgte ihr. Das Innere der Scheune war atemberaubend – mit einer hohen Gewölbedecke, von der riesige, üppige Wandteppiche hingen. Die Lampen waren hinter Aufsätzen an der Decke versteckt und von außen nicht zu sehen, doch innen erhellten sie den riesigen Raum mit ihrem indirekten Licht.

»Da ist ja unser Held«, sagte sie und beschleunigte ihre Schritte. »Er schläft bei der Arbeit. Und nicht mal in der Nähe des Klaviers.«

Gryder saß auf einem Lehnsessel in einer Ecke, die durch zwei im rechten Winkel aufgestellte alte Sofas vom Rest des Studios abgetrennt war.

»Will, ich möchte dir meine ...«

Die Vorstellung wurde unverständlich. Beth drehte sich zu mir um; ihre Augen waren riesig und schrekkerfüllt.

Dann schrie sie. Sie fiel nach vorn und krallte sich an mir fest.

Ich versuchte sie aufzurichten, sie zu stützen, und blickte hilfesuchend zu dem stillen Mann auf dem Sessel hinüber.

Er konnte mir nicht helfen. Ein scharfer Gegenstand mit einem Holzgriff war ihm tief mitten in die Brust gestoßen worden. Sein Flanellhemd war voller Blut. Blut. Blut. Blut.

2

Situationen wie diese sind wirklich seltsam. Sobald der Schock und die Panik und das hysterische Herumgerenne vorbei sind, sobald die Polizei kommt und alles in eine Art klinische Ordnung bringt, kriecht die Zeit nur so dahin.

Meine Beine waren schon ganz steif.

Ich mußte mich wirklich zwingen, nicht immer wieder auf die alte Uhr auf dem Kaminsims zu schauen. Dies war schließlich eine ernste Sache, und ständig die Zeit im Auge zu behalten, wäre das gleiche, als würde man bei einem Begräbnis auf die Uhr schauen. Schließlich ging ich aber doch hinüber und sah nach, nur um festzustellen, daß die Uhr nicht funktionierte.

Aber ich wußte, es mußte mindestens zwei Uhr früh sein.

Der große Beamte der Staatspolizei mit dem energischen Kinn, der die Untersuchung leitete, hatte sich als »Lieutenant Donaldson« vorgestellt. Das war vor einer

Ewigkeit gewesen. Inzwischen hatten er und seine Männer den Tatort und das Haupthaus systematisch Zentimeter für Zentimeter abgesucht und durchgekämmt und alles umgedreht und waren fächerförmig auf das finstere Grundstück ausgeschwärmt.

Jetzt saß ich mit Beth und ihren Kolleginnen im herrschaftlichen Wohnzimmer des alten Hauses. Während wir auf weitere Anweisungen – oder vielleicht sogar Befehle – der Polizei warteten, äußerte ab und zu jemand seinen Kummer oder beschwerte sich, daß nichts weiterging. Doch die meiste Zeit schwiegen wir und warteten, und die Minuten schleppten sich dahin.

Ich kam mir sehr als Eindringling vor. Vielleicht lag es daran, daß ich schon immer die größte Ehrfurcht vor Leuten gehabt hatte, die klassische Musik spielten, und diese Frauen gehörten der Weltklasse an. Diese Ehrfurcht hatte mir meine Großmutter eingeimpft. Wie bei vielen Landbewohnern, die sehr isoliert leben, hatten die wöchentlichen Radiokonzerte und ihre Sammlung von alten achtundsiebziger Schallplatten eine zutiefst emanzipatorische Wirkung auf sie. Ich kann mich noch gut daran erinnern, welch reine Freude sich auf dem Gesicht meiner Großmutter spiegelte, wenn sie ihre zerkratzte Lieblingsplatte hörte: Brahms, Opus 67, gespielt vom Londoner Streichquartett. Und ich weiß noch, wie sie mit der gesammelten Ausgabe von Streichquartetten von Beethoven, gespielt vom Budapester Streichquartett, umging. Bevor sie eine der Schallplatten herausnahm, stand sie da und starrte die Box in ihrer Hand an, als enthielte sie das Evangelium.

Ich ertappte mich dabei, wie ich überlegte, wie Officer Donaldson wohl mit Vornamen hieß. Ich wußte, daß das albern war, aber es war eine von vielen Möglichkeiten, die Zeit hinter sich zu bringen. Er sah aus wie ein Lewis, fand ich; vielleicht auch wie ein Calvin – oder möglicherweise sogar wie ein seltsamer, ungewöhnlicher Pete.

Als ich gerade den Namen *Aloyisius* Donaldson in Betracht zog, kam Miranda Bly von ihrer Sitzung mit dem Lieutenant zurück ins Zimmer. Wahrscheinlich war der Lieutenant mit ihr fertig – für den Augenblick.

Miranda ging schnurstracks auf den Lehnsessel zu, auf dem sie ihre Zigaretten liegengelassen hatte. Wortlos setzte sie sich hin und zündete sich eine an.

Dann brachte Mrs. Wallace diese Riesenflasche Cognac herein. Wir alle stürzten uns darauf. Gott sei Dank war sie mir gegenüber etwas milder geworden; vor einer Stunde hatte sie sich erboten, mir ein Tomaten-Käse-Sandwich zu machen (das Brot hatte sie erst am Morgen gebacken, erzählte sie mir, als ob mich das in jenem Augenblick interessiert hätte). Sie hatte es mir dann mit einem großen Stück hausgemachtem Gewürzkuchen und einem Glas köstlichen Apfelweins serviert. Ich hatte seit dem Mittagessen in New York nichts mehr zu mir genommen.

Darcy hatte die letzte Stunde oder so vor sich hin geschnieft und war nervös auf ihrem Sessel hin- und hergerutscht. Aber jetzt erhob sie sich und ging zum Kamin, um im Feuer herumzustochern. Ihre Bewegungen waren sehr sparsam, als sei sie einmal Tänzerin gewesen. Beth stand auf und ging zu ihr. Ich konnte sehen, daß sie mit Darcy sprach, verstand aber nicht, was sie sagte.

Ben Polikoff, der einen teuren roten Schipullover trug, schenkte seiner Frau noch einmal Cognac ein. Er versuchte ganz offensichtlich Roz zu trösten, doch sie schien sich in anderen Sphären zu befinden. Sie starrte geradeaus ins Feuer, das unter anderen Umständen sehr gemütlich gewesen wäre; sie war eindeutig ganz woanders, total abgekapselt von uns anderen. Ihre Haut war gespenstisch weiß, ihre Augen verschleiert. In ihrem Kummer – oder Schock oder Schmerz, was immer sie bewegte – war Roz sogar noch schöner. Ich sah, wie sie geistesabwesend den tröstenden Arm ihres Mannes abschüttelte. Ben blickte hilflos zu Miranda hinüber, die wegschaute.

In diesem Augenblick kam Mrs. Wallace mit einer Kaffeekanne herein. Als sie sich hinunterbeugte, um unsere Tassen zu füllen, sah ich die Anspannung in ihrem Gesicht.

»Vielen Dank«, sagte ich, als ich an die Reihe kam. »Haben Sie eine Ahnung, wie weit sie da draußen sind?« Damit meinte ich Donaldson und seine Männer.

»Das geht mich nichts an«, antwortete sie wie aus der Pistole geschossen. »Aber wenn Sie glauben, *Sie* können diese dummen Bullen antreiben ... nun, dann wünsche ich Ihnen viel Glück.«

Doch ich brauchte nicht lange auf eine richtige Antwort auf meine Frage zu warten. Bald darauf kam Mathew Hazan herein; er wirkte mitgenommen, aber entschlossen. Immer wieder strich er sich zwanghaft über sein langes schwarzes Haar. In seinem grauen Hemd und dem grauen Cordsamtanzug sah er aus wie ein Professor von irgendeiner Prestige-Universität – Wesley oder so –, der soeben eine Vorlesung über die Mehrdeutigkeit in der mittleren Schaffensperiode von Haydn gehalten hatte.

Und mit Hazans Rückkehr waren wir wieder alle beisammen. Jetzt hatte Donaldson in der verstaubten

Bibliothek neben dem Wohnzimmer mit jedem einzelnen von uns gesprochen.

Bald darauf erschien der Lieutenant persönlich. Für drei Uhr früh war er wirklich noch frisch – das leicht graumelierte Haar saß perfekt, das rosa Yuppie-Hemd unter seiner wollenen Sportjacke war gestärkt, die Bügelfalten an seiner Hose makellos ... ich fragte mich, ob er sich auch noch Zeit genommen hatte, sich zu rasieren.

Donaldson stand da und sah sich im Zimmer um; er taxierte uns, bevor er sprach. Seine Haltung hatte etwas von Gary Cooper in *Zwölf Uhr mittags*. Als er zu sprechen anfing, beobachtete ich aufmerksam seinen Adamsapfel.

»Es wird noch ein Weilchen dauern, bevor Sie alle schlafengehen können«, begann er. Bestimmt, aber höflich, doch nicht respektvoll. »Ich kann Ihnen inzwischen ein paar vorläufige Informationen geben, aber wir müssen natürlich auf den Bericht des Gerichtspathologen warten, bevor wir eine offizielle Aussage machen können.

Es sieht so aus, als wäre Mr. Gryder etwa um acht Uhr abends gestorben. Aber wie gesagt, das ist keine verbindliche Aussage. Das Opfer ... Mr. Gryder wurde anscheinend durch einen Stich in die Brust getötet. Die Tatwaffe ist eine Art Meißel, wie sie von Bildhauern verwendet wird. Sie paßt zu den Werkzeugen, die einige der Künstler verwenden, die einmal in der Scheune gewohnt haben, in der Mr. Gryder sein Studio hatte.

Wir haben keine Kampfspuren gefunden. Wie es scheint, saß Mr. Gryder auf dem Sessel – und war sozusagen ganz entspannt –, als er getötet wurde. Das deutet mit großer Wahrscheinlichkeit darauf hin, daß er den Angreifer kannte.« Hier machte Donaldson eine Pause – was für ein recht gutes Gefühl für Dramatik sprach – und ließ seinen Blick flüchtig über uns schweifen.

»Doch andererseits fanden wir bei einer Durchsuchung seines Zimmers in diesem Haus hier weder seine Brieftasche noch den Schmuck, den er angeblich trug. Daher ist es auch gut möglich, daß es sich um einen Raubüberfall gehandelt hat.

Im Vorjahr wurden hier in dieser Schule zwei Fälle von Diebstahl oder Vandalismus gemeldet, aber -«

»Das ist eigentlich keine Schule, Lieutenant Donaldson.« Der Einwurf kam von Mat Hazan. »Es ist eine Künstlerkolonie.«

Donaldson warf Hazan einen grimmig-aufmerksamen Blick zu. Er wartete kurz und fuhr dann fort: »Die beiden Vorfälle vom letzten Jahr waren nicht besonders ernst. Doch in jedem Fall kamen die Missetäter zu Fuß auf das Grundstück. Wie Sie wissen, hatten wir hier oben bereits Frost. Der Boden ist zu hart, als daß wir etwas darauf sehen könnten. Das heißt, Fußabdrücke können wir wahrscheinlich vergessen.

Wer immer Mr. Gryder umgebracht hat, war auch im Hinblick auf die Waffe sehr vorsichtig. Wir haben keine –«

In der Tür war plötzlich einer von Donaldsons Untergebenen aufgetaucht, ein kleiner Mann in Uniform. »Ford?« rief er. »Kommst du mal? Nur einen Augenblick.«

Damit war mein albernes Spiel mit dem Vornamen zu Ende. Ich hatte meine Antwort. *Ford* Donaldson. So richtig schön stoisch. Und sehr amerikanisch. Wie John Ford. Oder Ford Maddox Ford, der Autor von

The Good Soldier. Zweifellos war Ford Donaldson ebenfalls ein guter Soldat.

Er ging hinaus, um sich mit seinem Mitarbeiter zu beraten. Und zum ersten Mal, seit die Polizeiautos die Auffahrt heraufgerast waren, wurde diese kultivierte Gruppe von Freunden, Ehepartnern und Kollegen lebhaft.

»So ein eingebildeter, aufgeblasener Wichtigtuer!« fauchte Miranda. »Er glaubt wahrscheinlich, er kann uns mit seiner jämmerlichen Clint-Eastwood-Imitation beeindrucken.«

Ich war etwas überrascht über ihre zornige Reaktion auf Donaldson. Aber andererseits hatte ich schon mit vielen Kriminalbeamten der New Yorker Polizei zu tun gehabt, gegen die sich Donaldson anhörte wie der Direktor einer PR-Firma. Und diese Erfahrung hatte Miranda höchstwahrscheinlich nicht gemacht.

Benjamin Polikoff spazierte im Kreis herum. »Also, beeindrucken will er uns sicher«, sagte er. »Daran besteht kein Zweifel. Er will die cleveren Großstadttypen gleich in ihre Schranken weisen. Wenn er solche Prioritäten setzt, dann -« Irgend jemand im Zimmer lachte über das Wort »Prioritäten«, doch Polikoff fuhr unbeirrt fort. »Wenn er solche Prioritäten setzt, dann weiß ich nicht, wieviel Vertrauen wir in seine Ermittlungen setzen können.«

»Es muß doch irgendeine andere Instanz geben, an die wir uns wenden können«, sagte Mathew Hazan zuversichtlich. »Das FBI oder so was. Ich muß mich schon fragen, ob die Einheimischen hier oben für so einen Fall den ... die richtige Ausrüstung haben.«

»Die Ausrüstung oder den Verstand?« fragte ich sanft.

»Bitte mißverstehen Sie mich nicht, Miss Nestleton.

Ich will weder der Staatspolizei von Massachusetts als Gesamtes noch einem der Herren auf diesem Grundstück zu nahe treten. Aber Sie müssen verstehen, es ist, als wäre ein Familienmitglied ermordet worden. Will Gryder hat jedem einzelnen von uns viel bedeutet – überaus viel bedeutet. Ganz zu schweigen von seiner Bedeutung für das kulturelle Leben in New York – und auf der ganzen Welt.«

Das hielt ich nun aber für eine Übertreibung. Ich betrachtete mich nicht als Expertin auf dem Gebiet der klassischen Musik, aber ich wußte sehr gut, daß der Name Gryder den Leuten wohl kaum so geläufig war. Horowitz vielleicht, aber nicht Gryder.

»Ich möchte nur dafür sorgen, daß etwas getan wird!« fuhr Hazan fort.

»Natürlich wollen wir, daß etwas *getan* wird, Mathew«, sagte Beth Stimson. »Aber was bringt es, wenn ihr beide, du und Ben, euch wichtig macht? Damit werdet ihr diesen Donaldson nur noch mehr vor den Kopf stoßen.«

Ich bemühte mich sehr, den richtigen Ton anzuschlagen. Ich wollte ganz vorsichtig sein, niemandem auf die Zehen treten und ebenfalls niemanden vor den Kopf stoßen. »Also«, sagte ich, »Lieutenant Donaldson ist ja vielleicht ein wenig überheblich, aber soviel wir sehen konnten, scheint er sehr kompetent zu sein. Und obwohl er vielleicht nicht so viele Verbrechen sieht wie ein New Yorker Polizist, ist das Niveau der Staatspolizei – besonders der Kriminalbeamten – wahrscheinlich noch höher als in der Stadt. Ihre Ausbildung entspricht wahrscheinlich sogar eher dem Niveau des FBI als der des durchschnittlichen Großstadtpolizisten.« *Und warum doziere ich jetzt so?*

Miranda schnaubte. »Ach, ich verstehe. Es ist alles unter Kontrolle. Dann können wir uns wahrscheinlich ganz entspannt zurücklehnen – wie Will. Ich hatte ja ganz vergessen, Beeswax«, sagte sie zu Beth Stimson gewandt, »du hast uns ja erzählt, daß deine Katzenbetreuerin auch eine Hobbydetektivin ist. Stimmt's, Miss Nestleton?«

»Nun, ja«, sagte ich freundlich. »Hobbydetektivin. Amateurdetektivin. Wie auch immer. Aber ehrlich gesagt würde ich niemandem raten, sich entspannt zurückzulehnen, wenn sich hier möglicherweise ein Mörder herumtreibt … Und sagen Sie bitte Alice zu mir«, fügte ich hinzu. Und dann, an die ganze Gruppe gewandt: »Sie alle, sagen Sie bitte einfach Alice zu mir. Ich weiß, ich gehöre nicht wirklich zu Ihnen, aber wir werden vielleicht ziemlich viel Zeit miteinander verbringen.«

Mit amüsierter Miene schlenderte Darcy zu mir herüber. »Noch etwas Brandy, Alice?« fragte sie. Und als ich mein Glas hochhielt, sagte sie: »Bitte, erklären Sie uns das mit der Zeit, die wir alle miteinander verbringen werden.«

Doch in diesem Augenblick kam der Lieutenant zurück.

»Also, ich wollte sagen, der Meißel, mit dem Mr. Gryder getötet wurde, ist abgewischt worden. Etwas können wir über diesen Mörder sagen: Er – oder sie – hatte viel Zeit, seine Spuren zu verwischen, hinter sich aufzuräumen. War es denn üblich, daß Mr. Gryder so lange von Ihrer Gruppe weg war? Laut Ihren Aussagen ist er nach dem Abendessen sehr früh vom Tisch aufgestanden, vielleicht sogar ein wenig abrupt. Er war wohl nicht sehr gesellig? Oder war das nur gestern abend so?«

Mathew Hazan antwortete als erster: »Will war zum Arbeiten hier. Wenn man den Drang, zu arbeiten, beim Abendessen verspürt, dann verspürt man ihn eben beim Abendessen. Es nahm ihm keiner übel, daß er wegging.«

»Aber wenn ich Sie recht verstehe, hat er doch mit Ihnen gearbeitet.«

»Nicht nur. Will tritt – trat – zwar mit dem Riverside Quartett auf, aber als Gastkünstler. Er war kein Mitglied des Ensembles. Er sagte, er arbeite an einer neuen Komposition.«

»Also hat er auch komponiert?«

»Und als Studiomusiker gearbeitet«, warf Beth ein. »Und manchmal auch als Gesangslehrer. Will hat die verschiedensten Sachen gemacht.«

»Manche besser als andere«, fügte Miranda kaum hörbar hinzu. Doch laut genug, um den Hauch einer Drohung – oder von irgend etwas anderem – durchklingen zu lassen.

Jetzt erwachte Roz Polikoff zum Leben. »Mein Gott, Miranda, *laß das* – bitte! Hör auf damit!«

Schweigen senkte sich über den Raum. Donaldson wartete. Alle Blicke waren auf Roz gerichtet, die flehend in Mirandas Richtung sah.

»Wenn du dich so gemein aufführst, um deine Angst zu überspielen, dann kannst du das sein lassen«, sagte Roz mit belegter, stockender Stimme. »Du erweckst damit bei diesem Mann nur den Eindruck, daß irgend etwas nicht stimmt, daß wir Will nicht alle ... geliebt haben.«

»Wir erwecken noch einen ganz anderen Eindruck bei ihm«, murmelte Darcy. »Ganz ruhig, Miran. Komm, gib mir eine Zigarette. Obwohl ich mit dem Rauchen aufgehört habe.«

Als ihr Miranda das Päckchen hinüberreichte, sah ich, daß ihre Wimpern feucht schimmerten.

Ben gab Roz sein Taschentuch. »Hören Sie, Lieutenant Donaldson, kann ich jetzt bitte meine Frau ins Bett bringen?«

Darcy prustete vor Lachen über Bens unbeholfen formulierte Frage. Sie hielt sich die Hand vor den Mund, als wolle sie das Lachen unterdrücken. Ich merkte, daß schön langsam alle durchdrehten.

»O Gott,« sagte Darcy. »Tut mir leid, Leute. Tut mir leid.«

»Das ist ja grotesk«, sagte Miranda.

»Ich habe gesagt, ich lasse Sie bald gehen«, versicherte uns Donaldson. »Und das werde ich auch tun. Sagen Sie mir nur, wer von Ihnen hat die Adresse und Telefonnummer von Carolyn Bakiris?«

»Wer ist Carolyn Bakiris?« fragte Ben.

»Wills Schwester«, seufzte Mat. »Sie ist verheiratet und wohnt in L.A. Ich habe sie. In meinem Adreßbuch – oben.«

»Aber sollte sie nicht einer von uns benachrichtigen?« fragte Beth. »Es wird schrecklich für sie sein, wenn sie es von irgendeinem -« Sie verstummte und warf Donaldson einen schuldbewußten Blick zu. »Ich meine, sie sollte es von jemandem erfahren, mit dem er befreundet war.«

»Und warum solltest das du sein?« Diese Frage kam, wie zu erwarten, von Miranda, doch klang sie erstaunlich wenig gehässig.

»*Ich* werde mit seiner Schwester sprechen«, sagte Hazan bestimmt. »Das heißt, wenn mir Lieutenant Donaldson die Erlaubnis dazu gibt.«

»Einer meiner Männer wird mit Ihnen in Ihr Zimmer

gehen und die Nummer holen«, sagte Donaldson und ignorierte die Spitze von Mathews Bemerkung. »Ich glaube«, meinte er dann zu uns gewandt, »das wäre für den Augenblick alles. Da ist nur noch eines.«

Mathew blieb in der Tür stehen. Miranda richtete sich in ihrem Sessel auf. Ben, der Roz beim Aufstehen behilflich war, hielt kurz inne. Darcy legte das Wegwerf-Feuerzeug leise auf den Rauchtisch. Beth atmete laut.

»Ich bitte Sie, für die Dauer der Ermittlungen alle hierzubleiben.«

»Sollen wir das als eine Art Hausarrest auffassen?« fragte Ben ungläubig.

»Nein«, sagte Donaldson. »Natürlich nicht. Dazu wäre ich nicht befugt – selbst wenn ich es tun wollte. Ich meine, bleiben Sie in der Gegend. Verfügbar.«

»Auch wenn Will tot ist, Lieutenant, geht unsere Arbeit weiter. Wir bleiben so lange hier, wie wir das Haus gemietet haben – noch zwei Wochen.«

Der Kriminalbeamte schwieg. Wieder glitten seine durchdringenden Augen über unsere Gesichter. Ich fand, daß sein Blick an mir ein paar Sekunden länger haftenblieb, als die Situation rechtfertigte, doch ich sah nicht weg.

Ich überlegte, ob dieser Mann vielleicht eine schmerzliche Last auf seinen Schultern trug. Und sich selbst einredete, daß sie überhaupt nicht wehtat. Daß er bloß aufrechter gehen mußte. Was es wohl war? War er frisch geschieden? Oder bei der Beförderung übergangen worden? War es ein Fall, den er nicht gelöst hatte? Eine Krankheit? Impotenz? Alkohol?

Meine Schauspielausbildung gewann allmählich die Oberhand. Die Rolle interpretieren. Den Charakter studieren. Nach den verborgenen Fäden im Leben des

Menschen suchen. Die traumatischen Erlebnisse in der Vergangenheit der Figur erspüren. Die Rolle von Grund auf entwickeln. Nicht das Gesicht anschauen, sondern auf die Falten darin achten.

Als ich alle diese Fäden aufgenommen hatte, wünschte uns Donaldson eine gute Nacht. Ich hörte gerade noch, wie er sagte, daß ihm »der Verlust, den alle erlitten haben«, leid tat. Außerdem teilte er uns mit, daß einer seiner Männer auf dem Grundstück bleiben würde.

»Sie wollen doch damit nicht sagen, daß Sie glauben, daß er ... sie ... zurückkommen könnten?« fragte Beth beunruhigt.

»*Wollen* Sie das damit sagen, Lieutenant Donaldson?« fragte Ben.

»Ich will damit sagen, daß wir kein Risiko eingehen«, erwiderte Donaldson.

In dem Moment, als er sich umdrehte und gehen wollte, tauchte Lulu mit ihren göttlichen Ohren aus dem Nichts auf.

Und Donaldson, der ihr auf den Schwanz trat, worauf sie laut maunzend unter dem Sofa verschwand, stolperte in die Nacht hinaus.

Als die Tür ins Schloß fiel, sagte Darcy bissig: »Das ist eine Type, was?«

Obwohl es schon spät war, gingen wir nicht sofort zu Bett. Außer Roz. Ich bin nicht sicher, ob sie wirklich ganz so erschöpft war, wie Ben glaubte, doch seine Besorgtheit schien sie erst recht zu ermüden. Schließlich gestattete sie ihm, sie nach oben zu bringen, und wir übrigen setzten uns um das verglimmende Feuer.

Mir war klar, daß ich jetzt mehr denn je der Eindringling in der Gruppe war. Ich konnte mich an ihren Erinnerungen an Will nicht beteiligen. Daß ich aus ihrer Unterhaltung ausgeschlossen war, hätte mich kränken können, doch meine angeborene Neugier war stärker. Ich saß still da und hörte zu.

»Mein Gott, wie grauenhaft«, sagte Miranda. »Ich denke ständig, daß mich endlich jemand zwicken und aufwecken soll ... Willy, Willy, wie ist das bloß passiert?«

»Ich wette, er schäumt jetzt vor Wut, weil nun dieser Auftritt in Berlin ins Wasser fällt«, sagte Darcy gleichzeitig lächelnd und weinend.

»Ja«, meinte Mathew. »Das war Willy – hat immer alles ganz knapp verpaßt. Er war so talentiert und hat sich so verausgabt, und doch ... ach, ich weiß nicht ... es ist, als hätte er sein Leben damit zugebracht, Züge zu versäumen.«

»Willy war sehr unbekümmert, nicht wahr?« sagte Beth leise.

»Was meinst du denn damit?« fragte Miranda.

»Ich meine, er war natürlich talentiert. Aber er hat seine Stärken manchmal überschätzt. Er wollte vielleicht zu viel.«

»Und wir nicht?« sagte Darcy.

»Ja, ja, ich weiß. Ich ... ich weiß nicht, was ich in bezug auf Willy meine. Es ist nur ... alles ... so traurig. Einfach alles. Es ist ganz typisch für ihn, daß er sich -«

»Umbringen läßt«, sagte Miranda bitter.

»Ich fühle mich so verantwortlich«, sagte Mat. »Als er anrief und sagte, er sei auf dem Weg hierher, hätte ich nein sagen können. Ich hätte ihm sagen können, daß wir keinen Platz haben. Aber ich ließ ihm seinen Willen.«

»Wie die meisten von uns«, sagte Beth.

Mat nickte. »Ja. Ich glaube, daß ihn wohl nie jemand gebremst hat. Vielleicht wäre er noch am Leben, wenn –«

»Und vielleicht wäre ein anderer von uns gestern nacht in dieser Scheune gewesen – oder irgendwo sonst auf dem Anwesen«, protestierte Ben. »Würdest du dich besser fühlen, wenn jetzt eines der Mädchen tot wäre?«

Eine Zeitlang schwiegen alle.

»Ich glaube, diese kleine Totenwache reicht jetzt«, sagte Darcy schließlich. »Ich möchte eigentlich nicht daran denken, daß eine von uns irgendwo tot herumliegen könnte.« Sie stand auf, und die anderen folgten ihrem Beispiel.

Erst jetzt schien jemand zu bemerken, daß ich auch im Raum war. Beth rief mir zu: »Alice, Sie können im Zimmer neben mir schlafen. Wissen Sie, wo es ist?«

Sie bewegten sich alle ganz langsam und schlurften verschlafen herum. Ich glaube nicht, daß mich jemand hörte, als ich antwortete: »Ich werde es schon finden. Danke.«

3

Ich dachte, ich träume. Ich hörte Würgelaute. Klagelaute. Schreckliche, todtraurige Seufzer.

Sie waren real. Ich träumte nicht.

Mein Zimmer war kalt und im Vergleich zu den anderen Schlafzimmern klein wie eine Gefängniszelle. Vielleicht hatte vor langer Zeit einmal ein Kindermädchen oder ein Au-pair-Mädchen darin gewohnt.

Die Dunkelheit hatte einen violetten Schimmer, daher wußte ich, daß die Sonne bald aufgehen würde. Ich stieg aus dem Bett und ging lautlos hinüber zu der Tür, die mein Zimmer mit dem von Beth verband. Ja, es war

Beth, die weinte. Das Weinen schien kein Ende zu nehmen, also entschloß ich mich, zu ihr hineinzugehen.

Da ich nicht wußte, ob sie mich hören konnte, klopfte ich mehrere Male und öffnete dann die Tür. Beth saß aufrecht in ihrem Himmelbett. Ihre Augen waren gerötet, und die Bettdecke war übersät mit minzgrünen Papiertaschentüchern.

»Beth? Beth, kann ich irgend etwas für Sie tun?« Ganz vorsichtig ging ich zu ihrem Bett; ich wußte, daß mich das eigentlich nichts anging. Doch sobald ich neben ihr saß, sank sie in meine Arme und weinte, bis alle Tränen versiegt waren.

»Danke, Alice. Bitte verzeihen Sie mir, daß ich mich so aufführe.«

»Sie brauchen sich nicht zu entschuldigen. Sie haben schließlich jemanden verloren, der Ihnen nahestand.«

»Ja. Aber es ist nicht nur wegen Will. Im Augenblick scheint alles in meinem Leben in die Brüche zu gehen.«

Ich stellte keine Fragen und wartete, während sie sich ein letztes Mal schneuzte.

»Ich habe Ihnen ja von der katastrophalen Europatournee erzählt. Nun, ich glaube, die hat mehr Schaden angerichtet, als uns selbst klar war. Mat dachte, ein gemeinsamer Aufenthalt hier oben hätte eine heilsame Wirkung, aber ich glaube, er entzweit uns nur noch mehr. Es ist vielleicht das erste Mal, daß wir einander wirklich anschauen – und was wir sehen, gefällt uns nicht.«

»Hat das etwas mit Mirandas spitzen Bemerkungen heute nacht zu tun?« fragte ich.

»Natürlich. Selbst an guten Tagen hat sie eine ziemlich scharfe Zunge. Aber die letzten paar Tage hat sie richtiggehend um sich geschlagen, sie ist einfach wütend auf alles und jeden. Ich glaube, es ist, wie Roz sagte: Sie hat ebenfalls Angst.« Beth knüllte eines der Papiertaschentücher zusammen und schleuderte es quer durch das Zimmer. »Wieder ein Punkt für Roz«, sagte sie mit einem kleinen schiefen Lächeln.

»Warum haben alle solche Angst? Schlechte Kritiken sind unvermeidlich. Genauso unvermeidlich wie Streitereien und Zerwürfnisse unter Freunden. Sie sind seit Jahren zusammen. Das ist doch gewiß nicht die erste Enttäuschung, die Sie erleben?«

»Nein. Das heißt, nein *und* ja. Wir haben geschuftet wie die Pferde, um es zu schaffen. Ich weiß nicht, ob es stimmt oder nicht, daß wir doppelt so gut sein mußten wie ein Männerensemble. Aber wir beschlossen, es auf jeden Fall zu versuchen. Natürlich lief nicht immer alles genau so, wie wir wollten, aber wir hatten viel Glück – mit dem Publikum, mit den Kritikern, mit Geld, mit allem.

Und das alles haben wir Mat zu verdanken. Er ist vielleicht manchmal etwas langweilig, aber wir verdanken ihm alles. Ich frage mich sogar, ob es nicht für ihn am allerschlimmsten wäre, wenn ... wenn ... uns etwas zustoßen würde.«

»Was denn zum Beispiel, Beth?«

Sie schüttelte den Kopf, als wolle sie schreckliche Gedanken daraus vertreiben. »Ich weiß nicht. Ich glaube, ich mache die Dinge noch schlimmer, als sie ohnehin sind, Alice. Es ist, wie ich sagte: Es löst sich alles auf. Und Will fehlt mir. Er ist noch nicht mal einen Tag tot, und schon fehlt er mir. Wenn er da war, habe ich mich nie einsam gefühlt.«

Neue Schatten breiteten sich über ihr Gesicht. »Es ist wie eine Art makabre Vorschau auf das, was uns bevorsteht. Wissen Sie, was ich meine? Hatten Sie je das Gefühl, ganz tief unten zu sein, in einem schwarzen Loch – vielleicht in der schlimmsten Situation, die Sie je erlebt haben – und wußten dabei doch, daß es noch lange nicht vorbei war? Daß hinter der nächsten Ecke etwas noch Schlimmeres lauerte?«

Ich dachte eine Weile über ihre düstere Frage mit all den verschiedenen Metaphern nach. Aber nicht lange.

»Hören Sie, Beth, Sie sollten ein wenig schlafen.«

»Ich kann nicht«, sagte sie einfach.

»Wissen Sie was, ich schau mich mal in der Küche um, ob ich Tee finde, irgendeinen Kräutertee, der Ihnen hilft«- ich hätte fast gesagt ›sich zu entspannen‹ – »zu schlafen«.

Sie zuckte die Achseln. Ich ging zurück in mein Zimmer und holte mir einen Morgenmantel.

»Tut mir leid, Alice«, drang es aus dm Nebenzimmer herüber. »Tut mir leid, daß wir Ihnen Ihren Urlaub ruinieren.«

Ich tastete eine Weile herum, bevor ich den Lichtschalter in der Küche entdeckte. Das Licht ging an, und ich schnappte nach Luft – ich war erschrocken über die plötzliche Bewegung ringsum. Ich mußte wohl erwartet haben, daß Mrs. Wallace mit einem Fleischerbeil vor mir stehen würde.

Doch ich sah etwas viel weniger Bedrohliches. Ich war umgeben von wohlgenährten, pelzigen, hinreißenden kleinen braunen Feldmäusen – sie waren auf den Schränken, auf den Arbeitsflächen und spielten im Toaster.

Wo in aller Welt war Lulu, die Katze? Dies war der einzige Grund, weshalb sie hier sein durfte. Die Mäuse flitzten davon, und ich fand den Wasserkessel und die Teebeutel.

Ich entdeckte auch ein Tablett, das ich vorsichtig balancierte, als ich die Treppe hinaufgehen wollte. Ich erschrak noch einmal, als ich aus dem dunklen Wohnzimmer jemanden mit scharfer Stimme fragen hörte: »Wer ist da?«

Ich erkannte die tiefe Whiskeystimme von Miranda Bly.

»Alice Nestleton.«

»Oh. Was ist denn los?« fragte sie müde.

»Eigentlich nichts. Beth geht es nicht gut, und ich bringe ihr Tee.«

»Ach wirklich?« Ihr spöttisches Lachen klang in dem leeren Zimmer hohl.

»Hören Sie, äh ... Alice«, sagte sie stockend, »würden Sie mal für eine Minute hereinkommen?«

Ich stellte das Tablett im Gang ab und ging zu ihr.

Sie schaltete keine Lampe ein – das war auch nicht nötig, weil sich bereits das erste Tageslicht im Zimmer ausbreitete.

»Ich sollte mich wirklich bei Ihnen entschuldigen«, sagte Miranda. »Ich war gemein zu Ihnen, und ich möchte nur, daß Sie wissen, daß ich das auch weiß.«

»Stressige Zeiten«, antwortete ich. »Ist schon in Ordnung.«

»Nun, ich danke Ihnen für Ihr Verständnis.« Sie zündete sich eine Zigarette an und nahm ein Kristallglas zur Hand, das, wie ich vermutete, Scotch enthielt. Sie war eindeutig betrunken.

»Also, Alice, sagen Sie mir doch, was Beeswax Ihnen erzählt hat, um Ihr Mitgefühl zu gewinnen? Spielt sie noch immer das sensible Mauerblümchen?«

»Ich weiß nicht, was sie spielt, Miranda. Oder ob sie überhaupt etwas spielt. Aber ich kenne Beth auch nicht sehr gut. Wir sind nur gute Bekannte. Wie Sie selbst gesagt haben, ich bin ihre Katzenbetreuerin.«

»Dann seien Sie versichert, daß sie höchstwahrscheinlich die eine oder andere Rolle spielt.« Miranda fuhr sich mit der Linken durch ihr üppig gelocktes Haar. In der traurigen Atmosphäre des Abends hatte ich nicht besonders darauf geachtet, aber auch sie war auf ihre Art eine Schönheit. Ihr Gesicht war blaß und mondförmig, mit Grübchen, und sie war die einzige der Musikerinnen, der man allmählich ihr Alter ansah. Sie hatte die seltsame, erblassende Schönheit einer Lotte Lenya. Und in ihrem schlichten schwarzen Gymnastikanzug sah sie noch faszinierender aus.

»Nun«, antwortete ich vorsichtig, »Sie kennen sie natürlich besser als ich, aber ihre Trauer über Wills Tod wirkt auf mich vollkommen echt. Sie ist sehr, sehr unglücklich.«

»Wenn Sie sie besser kennenlernen, werden Sie merken, daß sie sogar lügt, wenn sie Ihnen sagt, wieviel Grad es draußen sind. Dieses Mädchen weiß einfach nicht, was die Wahrheit ist. Und ihr Kummer ist nicht echter als die Rollen, die sie spielt.«

»Aber warum sollte Beth nicht ebenso traurig über den Mord sein wie die anderen?«

»Weil, Hobbydetektivin Alice, sie selbst gedroht hat, ihn umzubringen.«

»Wie bitte?«

»Was ist los – haben Sie mich nicht gehört? Es stimmt, glauben Sie mir. Will war ein begnadeter Spieler. Er spielte mit dem Leben. Er spielte mit Menschen. Und in letzter Zeit hat er mit ihr gespielt.«

»Beth hatte ein Verhältnis mit ihm, meinen Sie.«

Wieder lachte Miranda. Es war ein herzloses Lachen.

»So könnte man es nennen. Aber aus seiner Sicht war es etwas Vulgäreres. Ich glaube, sie fand, daß das nicht mehr genug war und wollte mehr von ihm.«

»Was zum Beispiel?«

»Ach, um Himmels willen, woher soll ich wissen, was Beth von einem Mann will? Ich weiß nur, daß sie es, seit er hier heraufkam, miteinander getrieben haben. Und dann artete es aus. Vor zwei Tagen ging ich an einem ihrer Liebesnester vorbei – an diesem Schuppen neben dem Bach. Ich nehme an, sie hatten gerade miteinander geschlafen und stritten sich jetzt. Jedenfalls habe ich gehört, wie sie ihn mit Schimpfnamen belegte, von denen ich nie gedacht hätte, daß diese kleine Gans sie überhaupt kennt. Sie haben da drinnen richtig gerauft – einander Sachen nachgeworfen. Und als sie herauslief, hörte ich ganz deutlich, wie sie sagte, sie wolle ihn umbringen.«

»Ich verstehe«, sagte ich nach einem Augenblick. »Sind Sie sicher, daß es nicht nur so dahingesagt war, wie man es in der Hitze eines schrecklichen Streits manchmal tut? Wieso nehmen Sie es in Beths Fall so wörtlich?«

»Weil ... wenn sich kleine Würmer krümmen, dann krümmen sie sich besonders stark. Ganz besonders zweitklassige, eifersüchtige kleine Würmer.«

Ich blieb noch etwa eine Minute sitzen und stand dann von meinem Sessel auf. »Ich glaube, ich sollte mich jetzt lieber hinlegen, Miranda«, sagte ich. »Und Sie sollten auch schlafen.«

Wie ich vermutet hatte, war Beth eingeschlafen. Ganz zusammengerollt lag sie da, als wolle sie sich gegen die weiteren Schläge schützen, die das Leben für sie bereithielt. In ihrer Hand hatte sie ein zusammengeknülltes, zerfetztes Papiertaschentuch.

Und ich hatte *vorher* gedacht, ich sei müde.

Miranda Bly hatte in ihrem Inneren einen ehernen Knoten aus Groll und Verachtung. Würde sie eine Geschichte wie die, die sie mir erzählt hatte, erfinden? Woher sollte ich das wissen? Wenn irgend etwas daran wahr war, dann mußte man das der Polizei erzählen – *wenn* etwas daran wahr war. Und woher sollte ich *das* wissen?

Es würde bedeuten, daß ich meine passive Beobachterrolle ablegen und anfangen müßte zu schnüffeln und nachzuforschen und weiß Gott wie viele Dosen Würmer aufzumachen. Aber ich *würde* es erfahren.

Und ich fragte mich, was Ford wohl dazu sagen würde.

4

Ich glaube, es war der heilige Augustinus, der gesagt hat, daß alle Lebewesen nach dem Liebesakt traurig sind. Doch bevor diese bittersüße Stimmung einsetzt, nach dem sogenannten kleinen Tod, kommt zuerst ein Gefühl der totalen Verwirrung, nicht wahr? Ich hatte erst vor kurzem ein wunderbares, nicht geplantes Wochenende mit jemandem verbracht, und erst als wir uns – widerstrebend und bedauernd – am späten Sonntagabend trennten, wurde mir klar, wie wenig ich ihn eigentlich mochte.

Dieser Ausdruck von Verwirrung lag an jenem Morgen nach dem Mord an Will Gryder auf den Gesichtern der derzeitigen Bewohner des Covington-Zentrums. Wir hatten alle lange geschlafen.

Einzeln oder zu zweit kamen sie die Treppe herunter und bedienten sich aus der großen Kaffeekanne, die Mrs. Wallace im Speisezimmer aufgestellt hatte. Jeder einzelne warf einen verstohlenen Blick auf den uniformierten Polizeibeamten, der auf dem Grundstück herumspazierte. Schließlich fingen alle an zu sprechen, aber nicht wirklich miteinander. Dann begann sich der Nebel in den Hirnen zu lichten, aber es kam noch immer zu keinem echten Blickkontakt. Doch seltsamerweise wirkten die Mitglieder des Ensembles sehr gefaßt. Alle waren höflich, alle hatten sich sorgfältig gekleidet. Es war, als bemühten sich alle angestrengt, die Kontrolle nicht zu verlieren.

Ich saß allein in einer jener düsteren Nischen, die es in dem riesigen Haus überall zu geben schien. Nun, ganz allein war ich nicht: Ich unterhielt mich mit Lulu, der Katze. Ich hatte ihr bereits gesagt, daß sie endlich loslegen sollte, oder die Feldmäuse würden ihren Ruf ruinieren und den Ruf der Scottish-Fold-Katzen auf der ganzen Welt besudeln. Das schien Lulu vollkommen kaltzulassen; sie hatte sich auf meinem Schoß zusammengerollt, wo sie abwechselnd döste und schnurrte.

Aus dem Speisezimmer konnte ich unzusammenhängende Gesprächsfetzen hören. Es gab Ausbrüche von Galgenhumor: Spekulationen darüber, was aus Wills prächtiger, mietpreisgebundener Sechszimmerwohnung zwischen Columbus und Central Park West werden würde. Dann hörte ich Ben Polikoff mit ernster Stimme sagen, falls der Dieb Will wegen des Bargeldes in seinen Taschen ermordet hatte, sollten alle doppelt vorsichtig sein, da sich schließlich Musikinstrumente im Wert von ein paar hunderttausend Dollar im Haus befanden – wobei Roz' Geige besonders wertvoll war.

Als ich zu ihnen hineinging, war ich erstaunt über die herrschende Atmosphäre, eine bizarre Mischung aus Lethargie und Anspannung. Alle schafften es, mich freundlich zu grüßen. Außer Miranda, deren dumpfes Schweigen eher ein beredtes Zeichen für einen Kater war als für irgendeinen Groll, den sie mir gegenüber möglicherweise empfinden mochte. Ich hielt noch immer Lulu in den Armen. So hatte ich etwas, woran ich mich festhalten konnte.

Es hatte den ganzen Morgen genieselt, aber es war kein kalter Regen. Dann, so gegen elf, kam die Sonne hervor, und die Luft wurde unerwartet angenehm und warm. Das Wasser tropfte von den Blättern des mächtigen Kastanienbaums, und der Boden taute auf und wurde zu schlammigem Matsch.

Mrs. Wallace versuchte unverzagt, uns für einen Brunch zu begeistern. Was wir denn gerne hätten? Frische *Muffins*? Eier? Pasta? Quiche? Aber es gab keine Interessenten. Murrend faltete sie ihre Schürze zusammen und ging hinaus, um dort ihre Arbeiten zu erledigen.

Darcy, die ein enganliegendes T-Shirt und schwarze Jeans trug, die ihre phantastische zierliche Figur hervorhoben, verwickelte mich in ein kurzes Gespräch über Al Pacino, ihren Lieblingsschauspieler, und über das Theater im allgemeinen und meine eigene Karriere. Doch unsere Unterhaltung verlief bald im Sand. Ich glaube, sie wollte nur, daß ich mich etwas wohler fühlte.

Ein paar Minuten später stand Ben energisch von seinem Stuhl auf und verkündete, daß er mit Roz nach Northampton fahren würde. Ein gutes Mittagessen in einem Restaurant und ein kleiner Einkaufsbummel würden ihr unendlich guttun. Vielleicht könnten sie sogar in ein Kino gehen. Und jeder, der Lust hatte, mitzukommen, sei herzlich eingeladen, sagte er.

Da ich drauf und dran war, die Wände hochzugehen,

stürzte ich mich auf die Gelegenheit, mit ihnen mitzufahren. Ich war die einzige. Die anderen entschuldigten sich murmelnd oder sagten gar nichts und verschwanden einer nach dem anderen aus dem Zimmer. Ich putzte mir die Zähne, zog schnell Rock und Bluse an und war in weniger als zehn Minuten fertig.

Ich folgte Roz und Ben, die Arm in Arm aus dem Haus gingen. Ihr ungebändigtes rotes Haar schien im nachmittäglichen Licht Funken zu sprühen. Hielt sie sich wirklich verzweifelt an Bens Arm fest – oder hielt *er* sie so fest gepackt? Ich konnte es nicht sagen.

Der schokoladenbraune Mercedes hatte feudale Ledersitze. Ich machte es mir auf dem Rücksitz bequem. Roz, die vor mir saß, schien gegen ihre eigene düstere Stimmung anzukämpfen; ihr Gesicht verzerrte und entspannte sich abwechselnd, als bemühe sie sich angestrengt, nur an bessere Zeiten zu denken.

Wir fuhren los, doch gleich darauf blieb Ben stehen und schaltete den Motor aus. Er lauschte. Ich wußte, weswegen. Mirandas Cello schwebte durch das schöne, traurige Andantino »Der Schwan« aus dem *Karneval der Tiere* von Saint-Saëns. Alle drei saßen wir da und hörten zu, bis das Stück zu Ende war.

Roz brach das Schweigen. Sie schüttelte leise den Kopf und sagte dann: »Das war himmlisch, nicht wahr? Beinahe, als wäre sie fähig zu … echter … persönlicher … Zärtlichkeit.«

Ben steuerte den Mercedes routiniert den gewundenen Schotterweg hinauf und auf die Hauptstraße hinaus. »Waren Sie schon mal in dieser Gegend, Alice?« Er warf mir im Rückspiegel einen Blick zu.

Ben Polikoff strahlte eine solche Vitalität aus – er wirkte extrem gesund, kompetent, selbstbeherrscht, kultiviert. Das schien so gar nicht zu seiner fast kindlichen Abhängigkeit von seiner Frau zu passen und zu der übertriebenen Aufmerksamkeit, mit der er sie behandelte, als sei sie eine Kranke oder als könne er es nicht ertragen, wenn sie sich auch nur im geringsten unglücklich fühlte.

»Ja, ich war eine Zeitlang in Northampton«, antwortete ich. »Ich habe im Smith College einmal einen Workshop abgehalten.«

»Tatsächlich? Aber Sie haben nicht das Smith College absolviert?« fragte er mit einem sanften Lächeln.

»Also, Ben, wirke ich auf Sie wie ein Smith-Mädchen?«

»Ja«, sagte er wie aus der Pistole geschossen. »So sehen Sie wirklich aus – groß, blond und schön wie Sie sind.«

Das war eines der plumpesten Komplimente, das ich je erhalten hatte, aber ich faßte es eigentlich nicht als Kompliment auf.

»Wissen Sie, Alice, zu meiner Zeit gab es einen anzüglichen kleinen Spruch. Ich hoffe, Sie als eine Art Smith-Absolventin werden nicht beleidigt sein.«

»Ganz sicher nicht.«

»In bezug auf ihre Freundinnen sagten die Jungs immer ›Mit 'ner Smith ins Bett, mit 'ner Mt. Holyoke vor den Traualtar‹«.

Ich nahm an, die »Jungs« waren armselige Mitglieder einer Studentenvereinigung der Harvard Universität, die sich mit Bier vollaufen ließen und dann Opfer ihrer Phantasien wurden. Ich lachte höflich; mein Blick traf Bens Blick im Rückspiegel.

Dann lehnte ich mich im Ledersitz zurück. Was für ein Unterschied zwischen diesem schnurrenden, reaktionsfreudigen Auto und dem Wagen, den ich für die Fahrt hier herauf gemietet hatte! Ich hatte das Gefühl, in diesem Auto fünfhundert Meilen fahren zu können, ohne auch nur die geringste Müdigkeit zu verspüren.

»Vielleicht sollte ich einfach weiterfahren, bis wir nach Tanglewood kommen«, witzelte Ben. »Vielleicht macht Seiji heute nachmittag etwas Interessantes.« Es war ein schwacher Scherz. Das Tanglewood-Musikfestival fand im Sommer statt. Aber es mußte wohl ein privater Scherz zwischen ihnen sein, denn Roz streckte eine Hand aus und begann ganz langsam und liebevoll den Hals ihres Mannes zu massieren.

»Kommen Sie oft nach Tanglewood, Alice?« fragte er.

»Oh, Ben«, warf Roz ein wenig tadelnd und auch ein wenig gönnerhaft ein, »sie ist *Schauspielerin.*« Als wären Schauspieler irgendwie von solchen Veranstaltungen ausgeschlossen. Als wären wir, als Kategorie, kulturell zurückgeblieben, wenn auch aus verzeihlichen Gründen.

Normalerweise hätte ich gereizt reagiert, aber mir war klar, daß Roz für das, was sie sagte, nicht ganz verantwortlich war. Auf ihrer Stirn waren noch immer Kummerfalten.

Eine Zeitlang fuhren wir friedlich schweigend dahin.

»Ich hoffe, Sie kommen mit zum Mittagessen«, sagte Ben zu mir. »Auf der Main Street gibt es ein gutes neues italienisches Lokal.«

»Klingt toll«, sagte ich und beobachtete insgeheim Roz' Reaktion. Sie zeigte keine.

Jetzt wurde der Wagen von strahlendem Sonnenlicht überflutet. Es schien warm und entspannend auf meinen Hals und meine Schultern. Ich schloß die Augen, um die Fahrt bewußt zu genießen. Ich hatte das Gefühl, daß ich ganz leicht ... ganz leicht einschlafen konnte ... vom zufriedenen Summen des Motors ... in den Schlaf gewiegt.

Dann ein Schrei von Roz.

»Ben!« kreischte sie. »Ben, ein Hund! Paß auf -«

Ich hörte das durchdringende Quietschen der Bremsen. Sah einen verschwommenen braunen, pelzigen Fleck, bevor sich mein Körper krümmte und ich durch die Wucht des dahinschlitternden Wagens nach vorne geschleudert wurde. Und dann war die ganze Welt braun.

5

Es war still. So still, daß ich wußte, ich konnte nicht tot sein.

Ich kämpfte mich hoch und zurück auf den Sitz. Eine Minute lang saß ich bloß da und starrte dumm aus dem Fenster. Das Auto hatte sich wie wild herumgedreht: es stand halb auf und halb neben der Straße und schaute jetzt in die Richtung, aus der wir gekommen waren.

Mir geht es gut, sagte ich mir. Sehr gut. Und mein Kopf fühlt sich so ... leicht an! Ich saß ganz zufrieden da und wartete darauf, daß die Fahrt weiterging.

Ein erstickter Laut auf dem Vordersitz riß mich wieder zurück in die Realität. Roz schlug um sich und versuchte, sich von ihrem Sicherheitsgurt zu befreien. Ben rührte sich überhaupt nicht. Weil er angegurtet gewesen war, war er nicht in die Windschutzscheibe geknallt, aber er schien gegen das Lenkrad geschleudert worden zu sein und war jetzt darüber zusammengesunken. Roz kämpfte inzwischen in wilder Panik mit dem Gurt.

Ich öffnete die hintere Tür und stieg aus. Einen kurzen Augenblick gaben meine Knie unter mir nach, dann trugen sie mich wieder. Ich versuchte Roz' Tür zu öffnen. Sie war noch immer von innen versperrt. Ich hämmerte an ihr Fenster. Sie sah mich mit irrem Blick an. Ich deutete ihr, sie solle die Tür von innen aufmachen, doch sie verstand mich nicht. Ich schlüpfte wieder auf den Rücksitz, griff nach vorne und öffnete die Verriegelung. Dann stieg ich wieder aus und riß ihre Tür auf. Ihr dünner Körper schien von Krämpfen geschüttelt.

»Seien Sie still, Roz – *seien Sie still!*«

Meine energischen Worte schienen sie zur Vernunft zu bringen. Sie atmete schwer und würgte, doch dann beruhigte sie sich schließlich. Ich öffnete rasch ihren Gurt, half ihr hinaus und lehnte sie vorsichtig an die Seite des Autos.

Dann lief ich auf die andere Seite, um nach Ben zu sehen. Er war benommen und blutete ziemlich stark an der Stirn, aber er war bei Bewußtsein. »Mir geht es gut«, krächzte er. »Mir geht ...«

»Bleiben Sie, wo Sie sind, Ben«, ermahnte ich ihn und öffnete seinen Sicherheitsgurt. Eine lächerliche Anweisung – wohin sollte er schon gehen? »Bleiben Sie da. Ich hole Hilfe.«

Ich lief die andere Straßenseite entlang und hielt Ausschau nach einem Auto, das ich anhalten konnte. Zwei fuhren vorbei, ohne stehenzubleiben. Doch dann, nach einer Minute, bremste ein Brotlieferwagen. Der Fahrer kletterte heraus, warf einen Blick in den Mercedes und sagte mir, er würde von der zwei Meilen entfernten Tankstelle aus die Polizei anrufen.

Zwei Autos von der örtlichen Polizei und ein Rettungswagen kamen. Die Sanitäter holten Ben ganz vorsichtig aus dem Auto, während Roz und ich erschöpft die Fragen der Polizisten beantworteten. Diese Männer waren wesentlich weniger geschliffen und auf ihre typische Neuengland-Art leutseliger als die Staatspolizei, die den Mord an Will Gryder untersuchte.

Als die Befragung vorbei war, wandte sich Roz verzweifelt an mich. »Ach Gott! Dieser Hund! Was ist mit diesem armen Hund passiert? Wahrscheinlich liegt er jetzt irgendwo und leidet. Wir müssen ihn finden, Alice. Bitte.«

Ja, sie hatte natürlich recht. Ich konnte das arme Tier nicht leiden lassen. Ich mußte ihn finden. Während Ben in den Rettungswagen gehoben wurde, begann ich mit meiner Suche. Ich ging beide Straßenseiten entlang, konnte aber nichts finden. Kein Hund. Weder lebend noch sterbend, noch tot.

Dann begann ich mit wachsender Angst nach Blutflecken zu suchen. Aber Blutflecken gab es auch nicht. War es möglich, daß der Hund unverletzt entkommen war? Ich hoffte es.

Ich suchte noch eine Weile weiter, schließlich gab ich auf und ging zurück zum Auto. Ich konnte die Spuren sehen, die meine Stiefel im Matsch hinterlassen hatten.

Jawohl! Ich konnte die Spuren, die meine Stiefel hinterlassen hatten, *sehen*. Warum hatte ich daran nicht vorher gedacht? Auf der Straße war ein Hund gewesen; als Roz aufgeschrien hatte, hatte er sie vor dem Auto überquert – aber wo waren dann seine Pfotenabdrücke? Er mußte auf dem matschigen Boden Spuren hinterlassen haben, genau wie ich. Warum konnte ich sie nirgends finden?

Ich blickte auf und sah, daß mich die Polizisten zum

Mercedes zurückwinkten. Ich gab ihnen durch Zeichen zu verstehen, daß ich noch ein paar Minuten brauchen würde.

Wieder ging ich im Zickzack über die Straße. Im Matsch gab es Reifen- und Fußspuren, aber keine Pfotenabdrücke. Überhaupt keine. Hingegen bemerkte ich seltsame längliche Abdrücke. Es sah so aus, als hätte jemand einen Schlitten über den schlammigen Boden gezogen.

Ich verstand es nicht. Wir alle hatten den Hund über die Straße flitzen gesehen – zumindest hatten wir das geglaubt. Aber *natürlich* war es ein Hund gewesen. Er war zwar nur ein verschwommener Fleck gewesen, aber er war *da* gewesen. Deshalb war Ben ja von der Straße abgeschwenkt.

Noch immer verwirrt, ging ich zurück zu den anderen. Roz fuhr mit Ben im Rettungswagen mit. Einer der Polizisten half mir in seinen Streifenwagen und brachte mich zurück ins Zentrum.

Ich wurde schon von allen erwartet.

Anscheinend hatte der Polizist auf Anweisung von Roz im Haus angerufen, um alle Anwesenden von dem Unfall zu benachrichtigen. Beth, Darcy, Mathew und die Köchin – ja, und sogar Miranda – waren alle so besorgt um mein Wohl. Wofür ich dankbar war, denn fünf Minuten, nachdem ich das Haus betreten hatte, wurde mir die Bedeutung dessen, was passiert war, mit voller Wucht klar. Ich war schwach; ich zitterte am ganzen Körper. Mrs. Wallace machte mir eine Riesentasse Kakao. Darcy legte mir eine Decke um die Schultern. Miranda zog mir die Stiefel aus. Und Beth rieb mir die Hände und gab Mat Hazan weitere Anweisungen, um es mir so bequem wie möglich zu machen; während er sie befolgte, murmelte er: »Dieser Ort ist das reinste Schreckenskabinett.«

Eine Weile später rief Roz aus dem Krankenhaus an. Darcy ging ans Telefon und berichtete uns dann, was Roz gesagt hatte: Die Polikoffs waren beide okay. Ben mußte sich seine Wunde an der Stirn nähen lassen, aber ansonsten war nicht viel passiert. Sie würden ihn ein oder zwei Tage im Krankenhaus behalten, und Roz würde bei ihm bleiben. Aber es würde alles in Ordnung kommen.

Bald darauf nahm mich Beth am Arm und führte mich die lange Treppe hinauf. »Sie sollten sich hinlegen, Alice. Wir bringen Sie im Zimmer von Roz und Ben unter. Dort ist es gemütlicher.«

Ganz langsam stiegen wir gemeinsam die Treppe hinauf, und Beth half mir, mich auf das altmodische Himmelbett zu setzen. »Sie brauchen sich nicht auszuziehen«, sagte sie, wie es schien aus einem Dutzend Meilen Entfernung. »Legen Sie sich einfach hin, und ich decke Sie mit dieser Patchworkdecke zu.«

Das letzte, woran ich mich erinnerte, war ein Gefühl der Beschämung – Beschämung darüber, daß mich ein leichter Autounfall so umwerfen konnte, während mich der grausige Anblick von Will Gryders Leiche, in deren Brust noch grotesk die Mordwaffe steckte, nicht merklich mitgenommen hatte. Das war schon sehr seltsam.

Als ich aufwachte, färbte das letzte Licht des Nachmittags die großen Fenster im Zimmer der Polikoffs. Ich konnte keine schlimmen Träume gehabt haben, weil ich mich vollkommen erholt und ruhig fühlte. Vom Sesselkissen aus starrten mich die leuchtenden runden Augen von Lulu an.

»Hallo, Kleines!« rief ich. »Du solltest ja eigentlich unten sein. Dort, wo die Mäuse sind.« Die Katze blinzelte ein paarmal, sprang dann vom Sessel und trabte herüber zum Bett. Sie legte sich in meiner Armbeuge zurecht und schnupperte mich freundlich ab.

Meine Kehle war trocken, aber es war hier zu gemütlich, um aufzustehen und mir Wasser zu holen. Die Tür war einen Spalt offen, und ich konnte die Stimmen im Erdgeschoß hören. Bald zog sich der Duft von Braten und Rosmarin zu mir herauf. Wie angenehm das alles schien – ich war an einem schönen Herbsttag in einem wunderschönen alten Haus in Neuengland. Unten wartete eine Gruppe lebhafter, begabter Menschen darauf, daß ich mich zu ihnen gesellte. Im Herd brutzelte ein sensationelles Abendessen, und wahrscheinlich wartete auch bereits eine geöffnete Flasche guten Weins.

Ein schöner Tagtraum. Nur daß nichts daran wirklich so war, wie es schien. Ich war bei einer Gruppe von Menschen gelandet, die zwar gewiß sehr intelligent waren, aber ich war nicht sicher, ob ihnen sehr viel an mir lag – nicht einmal, ob ihnen aneinander sehr viel lag. Hier war ein schrecklicher Mord passiert. Und heute war ich fast umgekommen.

Und da fiel mir der Autounfall wieder ein, bis ins kleinste Detail. Wir hatten sehr viel Glück gehabt. Hätte sich der Wagen nicht im Kreis gedreht und wäre verkehrt herum wieder auf der Straße zum Stehen gekommen, hätte es viel schlimmer ausgehen können. Der Mercedes hätte vollkommen von der Straße abkommen und über eine Böschung fahren können; er hätte sich überschlagen können. Oder angenommen, es wäre ein anderes Auto auf der Straße gewesen! Das war wirklich Glück. Wir hätten alle tot sein können.

Und was war mit dem Hund, der den Unfall verursacht hatte? Ich mußte immer wieder an ihn denken. Ich hatte keine Spur von ihm entdecken können. Warum nicht? Bemüht, Lulu nicht zu sehr zu stören, setzte ich mich ein wenig auf und lehnte mich an die Kissen. Ich versuchte mich an jenen Augenblick kurz vor dem Unfall zu erinnern. Roz hatte einen Warnruf ausgestoßen: »*Ein Hund, Ben!*« hatte sie gesagt. Und dann hatte ich diesen veschwommenen braunen Fleck gesehen. Ich hatte nicht daran gezweifelt, daß es ein Hund war. Doch wo waren seine Pfotenabdrücke auf der matschigen Straße?

Die Katze stand auf und streckte sich ausgiebig. »Nun, Kleines?« Ich schnippte sie an den Ohren. »Beantworte mir das. Was ist mit seinen Pfotenabdrücken passiert? Ist er verletzt worden oder nicht? War er da oder nicht?« Lulu sprang von der Decke und lief geräuschvoll aus dem Zimmer. »Was für ein nutzloses Geschöpf«, sagte ich laut. »Keine Mäuse, keine Antworten.«

Ich lehnte mich wieder zurück und starrte aus dem Fenster. Jetzt war es schon fast Nacht. Die Bäume nahmen ein bedrohliches Aussehen an.

Schließlich stand ich auf, ging hinüber zu der alten Frisierkommode und sah in den Spiegel. Ich war in einem schlimmen Zustand. Ich wusch mich in Roz' und Bens kleinem Bad, borgte mir eine Haarspange aus und rieb mir dann mit einem Wattebausch mit Gesichtswasser – das offenbar Roz gehörte – das Gesicht ab. Ich las das Etikett und sah, daß es von Kiehl's stammte, einer altehrwürdigen Institution in der Lower East Side von New York, die für ihre Kunden Spezialanfertigungen von Kosmetika und Parfums herstellt.

Der Duft des Eau de Cologne in der kleinen Flasche, die ich geöffnet hatte, war hinreißend. Ich stand da, roch daran und dachte nach. Es war dumm von mir gewesen, diese Fragen der kleinen Lulu zu stellen. Aber die wirklich wichtige Frage hatte ich überhaupt nicht gestellt: Warum war ich so besessen von dem braunen Hund?

Doch ich nehme an, ich wußte bereits, warum. Und das Wissen machte mir irgendwie angst. Der Grund war, daß der Unfall vielleicht überhaupt kein Unfall gewesen war. Vielleicht war alles ganz vorsätzlich geplant gewesen. Irgend jemand, vielleicht dieselbe Person, die Will Gryder ermordet hatte, hatte vielleicht auch versucht, mich zu ermorden. Oder einen der Polikoffs. Oder uns alle drei. Ich stellte das Eau de Cologne weg.

Anhaltspunkte? Motive? Mögliche Szenarien? Ich hatte nichts von alledem, um meine Überzeugung zu untermauern, aber ich war dennoch davon überzeugt. Ich spürte es einfach. Es war eine fundierte Vermutung, die sich zweifellos auf der Wahl des Zeitpunkts gründete – auf dem zeitlichen Zusammentreffen beider Vorfälle. Gryder wird um acht Uhr abends von einem oder mehreren Unbekannten ermordet. Sechzehn Stunden später werden drei Mordverdächtige – und ich wußte, daß Ford Donaldson uns mehr oder weniger alle verdächtigen mußte – fast bei einem Unfall getötet.

Ich hatte mein Aussehen, so gut ich konnte, in Ordnung gebracht, betrachtete mich aber weiterhin im Spiegel.

Spieglein, Spieglein klein und fein,
Warum laß' ich mich darauf überhaupt ein?

Mein Spiegelbild zog eine Grimasse und sagte dann zu mir: »Und wenn du dich auf diesen Fall einlassen *wolltest* ... wo würdest du anfangen? Du weißt nichts, außer dem, was euch Lieutenant Donaldson gesagt hat.«

»Stimmt nicht«, sagte ich lächelnd zu der Frau im Spiegel. Ich wußte etwas, was Donaldson selbst nicht wußte. Ich wußte, daß Beth und Will sich in einem Schuppen auf dem Grundstück geliebt und danach heftig gestritten hatten. Das hatte mir Miranda erzählt. Und jetzt glaubte ich ihr. Und ich wußte, das erste, was ich tun sollte, war, mir den Schuppen anzusehen. Und all das wegen eines Hundes, der hätte da sein sollen, aber nicht dagewesen war – nicht einmal seine Pfotenabdrücke.

Ich war jetzt entsetzlich durstig. Ich ging hinunter, um mir etwas zu trinken zu holen und an jener festlichen Hausparty meiner Phantasie teilzunehmen.

6

Am nächsten Morgen schlich ich mich um etwa halb sieben auf Zehenspitzen die Treppe hinunter, um die anderen nicht aufzuwecken. Ich wollte unbemerkt aus dem Haus gehen. Ich wußte nicht einmal genau, warum ich mich so geheimnisvoll benahm – eigentlich hatte ich nichts zu verbergen.

Jedenfalls war die ganze Geheimnistuerei vergebens, denn die Küche war hell erleuchtet, und Mrs. Wallace war eifrig bei der Arbeit. Auf einmal wurde mir bewußt, daß es nach gutem Essen roch, ein Duft, den jeder kennt.

»Sind Sie aber heute früh auf«, sagte sie vom Herd her, ohne sich auch nur umzudrehen.

Ich trat in die Küche und ging schnurstracks auf die

Tür zu einer kleinen Vorratskammer zu, von der aus man wiederum ins Freie gelangte. Dieser Hintereingang war dem Bach näher als der Vordereingang.

»Guten Morgen, Mrs. Wallace«, sagte ich und bemühte mich, ganz beiläufig zu klingen. »Ich dachte, ich unternehme heute morgen einen langen Spaziergang, weil es so ... so schön ist.«

Sie warf einen kurzen Blick aus dem Küchenfenster auf den dicht bewölkten grauen Himmel.

»Weil das *Anwesen* so schön ist, meine ich. Und ich hatte noch nicht viel Gelegenheit, es mir anzusehen.«

»Ja«, sagte sie lahm. »Dann wollen Sie sich aber gewiß vorher ein wenig stärken.« Mit einem Fuß zog sie rasch einen Küchenstuhl heran und gab mir mit einem Kopfnicken zu verstehen, daß das mein Platz am Tisch war.

Gehorsam setzte ich mich hin und plapperte unbeholfen weiter: »Danke ... und habe ich Ihnen auch schon richtig für das wunderbare Essen gestern abend gedankt? Ich glaube, ich habe noch nie ein so würziges und saftiges Kalbfleisch gegessen. Und diese Kartoffeln!«

»Anna«, brummte sie.

»Ach ja. Kartoffeln Anna. Superb.«

Mrs. Wallace stellte einen Teller vor mich hin. »Und wie«, fragte sie mit einem sardonischen kleinen Lächeln, »fanden Sie das Dessert?«

Ich blickte hinab auf das feinsäuberlich herausgeschnittene Stück eines exquisit gebackenen Omeletts. »Das Dessert? Auch superb.« Und so war es auch gewesen – ein schmackhafter, einfacher Kuchen umgeben von perfekt zubereiteter *Crême anglaise*.

Dann stellte sie ihren eigenen Teller auf den Tisch. Ihre

Hälfte des Omeletts war ebenso schön und genau so, wie ich es mag: zusammengeklappt, aber trotzdem dünn und oben gebräunt. Sie begann die Frischhaltefolie von drei kleinen Schüsseln auf dem Tisch abzunehmen. Eine enthielt roten, eine andere schwarzen Kaviar – Überreste vom Brunch am letzten Sonntag –, und der Inhalt der letzten sah aus wie Sauerrahm. Aber nein, es war nicht Sauerrahm, korrigierte mich Mrs. Wallace. Es war *Fromage frais*, den sie vor ein paar Tagen mit Beeren zum Abendessen serviert hatte. Ob ich denn noch nie von seinem amerikanischen Gegenstück, dem *Creole cream cheese* gehört hätte? Ich mußte meine Unwissenheit gestehen.

Als letztes brachte sie einen Teller mit heißen englischen *Muffins*, frisch von der geschwärzten Eisenplatte, auf der sie sie gebacken hatte, und eine ramponierte alte Kaffeemaschine, in der der Kaffee noch bis zum oberen Glasrand aufbrodelte.

Noch vor zehn Minuten hatte ich nicht den geringsten Hunger verspürt, doch jetzt langte ich kräftig zu. »Wie wird man eine so wunderbare Köchin?« fragte ich ehrlich interessiert.

Sie trank selbstzufrieden einen Schluck Kaffee. »Haben Sie schon mal von Lydie Marshall gehört?« fragte sie.

»Nein, ich glaube nicht.«

»Und von Simone Beck?«

Der Name kam mir irgendwie bekannt vor, aber ich wußte nicht, warum. Ich schüttelte den Kopf.

»Aber von James Beard und Julia Child werden Sie doch gehört haben.«

»Ja, natürlich«, sagte ich. »Haben Sie mit all diesen Leuten zusammen gelernt?«

»Das habe ich, Mädchen. O ja. Also, man würde doch meinen, daß einem die meisten Leute dafür eine gewisse Achtung entgegenbringen, nicht wahr? ... Oder zumindest irgendwie ...« Sie verstummte verärgert.

Mrs. Wallace rührte ihr Frühstück kaum an. Statt dessen sah sie mir aufmerksam beim Essen zu. »Ich habe noch jede Menge *Muffins*«, sagte sie, als ich aufgegessen hatte. »Wie wär's mit einem *Muffin* mit einer meiner Konfitüren? Ich sehe, daß Sie nicht zu diesen jämmerlichen Frauen gehören, die nie eine anständige Mahlzeit essen, weil sie dauernd auf ihre sogenannte Figur achten.«

Ich schaffte es, sie davon abzuhalten, mir mehr als noch ein *Muffin* zu servieren, und während sie am Spülbecken stand, ergriff ich die Gelegenheit, vom Tisch aufzustehen und den alten Schaffellmantel anzuziehen.

»Also, vielen Dank für das Frühstück«, sagte ich rasch. »Ich glaube, ich gehe jetzt spazieren.«

»Hmm«, murmelte sie. »Wahrscheinlich werden Sie frieren.«

Es war wirklich verdammt kalt! Soviel zu dem Altweibersommer, den der gestrige Tag versprochen hatte. Ich marschierte vom Haus weg und blieb nach ein paar Metern stehen, um mich zu orientieren.

In der Ferne konnte ich den großen Schuppen sehen – Will Gryders Studio. Ich fand den Pfad, den ich in jener Nacht mit Beth entlanggegangen war, als wir seine Leiche gefunden hatten. Dann bog ich auf einen anderen Pfad ein, der hinter das Studio führte und sich danach durch einen kleinen Wald schlängelte. Zwischen den Bäumen hindurch konnte ich zwei kleine Gebäude ausmachen. Das waren, wie ich annahm, die Schuppen, von denen ich gehört hatte, und gleich dahinter mußte der Bach sein. Ich war froh, die furchterregende Scheune hinter mir lassen zu können, und beschleunigte meine Schritte.

Als ich zum Wald kam, hörte ich wieder ein geisterhaftes Cello. Ich war nicht nur bezaubert von der wunderschönen Musik, ich war auch verwirrt – das konnte doch nicht wieder Miranda sein, nicht um diese Zeit. Es war viel zu früh. Ich kannte das Stück gut: Es war die Suite in C-Dur für Violoncello von Bach. Ich hatte viele Jahre lang die Platte von Casals besessen, doch dann war sie bei einem meiner vielen Umzüge verlorengegangen. Was ich jetzt hörte, konnte auch eine Platte sein. Aber woher kam die Musik?

Aus dem Studio? War es möglich, daß die Musik aus Wills Studio kam? Ja! Ich stand da und lauschte noch eine Minute. Wie makaber. Ich drehte mich um und ging zur Scheune. Doch an der Tür zögerte ich; ich hatte Angst, hineinzugehen. Und dann setzte die Musik so plötzlich aus wie sie begonnen hatte. Ich wartete noch ein paar Sekunden und öffnete dann die Tür. Ich spähte hinein. Das Studio war menschenleer. Ich trat wieder ins Freie und schloß die Tür; ich dachte, die Musik würde jeden Augenblick wieder einsetzen. Aber das war nicht der Fall. Ich war umgeben von der morgendlichen Stille auf dem Lande. War bei mir durch den Unfall eine Schraube locker geworden? Würde ich jetzt immer und überall Musik hören?

Ich ging durch den Wald; die gefrorenen Zweige knackten unter meinen Stiefeln. Es war nicht schwer, den Schuppen zu finden – eigentlich zwei Schuppen, nur ein paar Meter voneinander und etwa zwanzig Meter von einem Bach entfernt. Das mußte einmal ein beachtlicher Fluß gewesen sein; die Uferböschung war ziemlich steil, doch das halb gefrorene Wasser, das jetzt da unten floß, war ein jämmerliches Rinnsal. Aus dem Flußbett ragten Holzklötze und Metallstücke heraus, als würde es von den Leuten hier als Mülldeponie verwendet.

Die Schuppen waren aus Holz und Metall und sahen aus wie altmodische Badehütten. An der Vorderseite hatten sie Schiebetüren. Sie waren nur etwa drei Meter tief, aber ziemlich lang.

Ich schob die Tür des Schuppens auf, der dem Bach am nächsten stand. Drinnen war es muffig und eiskalt. Ein sehr schmaler Mittelgang führte von einem Ende der Hütte zum anderen, und zu beiden Seiten dieses Gangs standen große Koffer und Kartons – jede Menge altes Gerümpel, einschließlich alter Kleider, die zu ungleichmäßigen Ballen gebunden waren.

Das alles hatten die Künstler, die im Laufe der Jahre hier gewohnt hatten, absichtlich oder unabsichtlich zurückgelassen.

Ganz am Ende des Ganges entdeckte ich eine Stelle, an der offenbar jemand ein paar Kartons beiseitegeschoben und andere auf die Stapel daneben gehievt hatte. Der freie Platz, der dadurch entstanden war, war zwar nur klein, aber auf dem Boden lagen zwei Laken, ein altes, an den Enden zusammengebundenes Kissen und zwei leere Cognacflaschen.

War das der Ort, an dem sich – laut Miranda – Beth und Will geliebt und danach gestritten hatten? Das konnte wohl sein. Die Liegestatt und die Flaschen schienen auf eine Art Liebesnest hinzuweisen.

Ich mußte mich fragen, warum sie sich hier in diesem beengten, schmutzigen, kalten Schuppen getroffen hatten. Warum waren sie nicht in eines von dem halben Dutzend Motels in der Umgebung von Northampton gefahren? Oder, noch besser, in eine der sehr komfortablen Hütten hier auf dem Anwesen gegangen, wo sie sich im Holzofen ein gemütliches Feuer hätten machen können?

Ich starrte hinab auf die Laken. Vielleicht, überlegte ich, hatte Will Gryder zu jenen Männern gehört, die auf verbotenen Sex stehen ... die heimlicher Sex zur falschen Zeit am falschen Ort aus den falschen Gründen anturnt ... Sex als eine Art abenteuerlicher Diebstahl. Es gibt solche Männer. Selbst mein Freund Tony Basillio steht gelegentlich mehr auf Sex in einer Telefonzelle an der Autobahn nach New Jersey als in einer Suite im Plaza Hotel. Es ist eine Art Perversion, die bei vielen Männern verbreitet ist. Und viele Frauen akzeptieren sie, auch wenn sie sie absurd finden.

Absurd? Wenn ich an meine Reaktion auf dieses Liebesnest dachte – ich hatte unwillkürlich weggeblickt –, war mir plötzlich ganz komisch zumute. Wurde ich im fortgeschritteneren Alter auf einmal total prüde? Du liebe Güte! Es hatte eine Zeit gegeben, da hatte ich an viel unglaublicheren Orten Sex gehabt und es für vollkommen normal gehalten. Und es ziemlich aufregend gefunden. Und ich war diejenige gewesen, von der es ausgegangen war. Ich blickte wieder hinunter.

Diese schmutzigen alten Laken hatten etwas sehr Trauriges an sich. Sie waren kein Beweis dafür, daß Beth Gryder umgebracht hatte, aber sie machten sie zur Verdächtigen. Und das war nicht das einzig Traurige an diesem Ort. Er hatte etwas so ... *Schäbiges* an sich.

Ich schloß die Tür des ersten Schuppens und ging zum

zweiten. Seine Tür ging schwerer auf. Es schien sich etwas in einer der Gleitschienen verfangen zu haben. Aber schließlich gab sie nach, und ich ging hinein. Wie die andere, beherbergte auch diese Hütte den Müll von Jahrzehnten – verpackte, gebündelte Sachen, die man weggeworfen hatte. Ich überlegte, ob Will und Beth sich wohl auch in dieser Hütte geliebt hatten. Ich trat in den Mittelgang, um die Hütte zu inspizieren. Doch ich mußte stehenbleiben. Es war zu finster, um irgend etwas zu erkenne. Es gab eine Glühbirne an der Decke, wie in der anderen Hütte, aber keinen Lichtschalter dafür. Ich tastete in der Luft nach irgendeiner Schnur, mit der man sie vielleicht einschalten konnte, fand aber keine. Also stellte ich mich auf die Zehenspitzen und konnte die Glühbirne gerade noch erreichen. Ich schraubte sie vorsichtig ein wenig weiter in die Fassung. Das Licht war schwach, aber es reichte. Ich drehte mich im Gang um.

Und erstarrte vor Schrecken. Ich schlug die Hände vors Gesicht, um das scheußliche Gesicht vor mir nicht sehen zu müssen.

Dann löste sich mein Schock in verlegenes Lachen auf. Ich starrte in die Augen eines Kamels. Eines großen braunen, dämlich dreinschauenden Kamels auf Kufen! Ein riesiges Stofftier, wie sie manche Mädchen von der Wiege bis zum College heiß und innig lieben. Es stand auf einem verstaubten Karton.

Ich faßte hinauf und kniff es in die dunkelbraune Nase.

Ich hatte Basillio mal genau so ein Stofftier kaufen wollen, kurz nachdem er sich von seiner Frau getrennt hatte. Er war so schrecklich einsam gewesen, und ich erwartete noch ein paar ausständige Dollars von einer

Rundfunkwerbung. Also ging ich zu FAO Schwarz und sah dieses wunderschöne Schaukelkamel. Ich verliebte mich auf der Stelle in das Tier. Das einzige Problem war der Preis – 297 Dollar. Ich habe es nicht gekauft.

Nun, Gott sei Dank war Basillio jetzt nicht mehr auf diese Art von Gesellschaft angewiesen. Ich faßte hinauf, um das liebe alte Ding noch einmal zu tätscheln. Und dabei streifte ich mit der Hand seinen Bauch, der feucht und sandig war.

Ich ging hin, um es mir genauer anzusehen. Nicht nur der Bauch des Kamels war naß, auch die Kufen, auf denen es stand, waren schlammverschmiert, als wäre es durch Matsch gezogen worden.

Mir lief es kalt über den Rücken. Ich dachte an die Spuren, die ich gestern gefunden hatte, als ich nach dem verletzten Hund gesucht hatte. *Wie ein Schlitten*, hatte ich gedacht, wie ein Schlitten, den man über die schlammige Straße gezogen hatte.

Also *das* war der mysteriöse braune Hund! Dieses dämliche Spielzeugkamel hatte den Unfall verursacht! Irgend jemand hatte es vor uns über die Straße gezogen, um einen Unfall zu provozieren. Aber wer? Und wen von uns wollte dieser jemand umbringen?

Das Kamel bewegte sich fast umerklich, es schaukelte friedlich vor sich hin. Doch bei jeder Bewegung wuchs meine Angst.

Und da sagte ich mir: Hör auf, die Clevere zu spielen. Hör auf, dich als Schnüfflerin und Amateurdetektivin zu betätigen. Die Sache war ernst, und ich wurde langsam verrückt. Auch wenn er sich für Clint Eastwood oder Joel McCrea hielt – ich mußte mit Ford Donaldson sprechen.

7

»Sie sind aber schwer zu erreichen, Lieutenant Donaldson.«

»Tatsächlich?« Donaldson wandte mir sein ausdrucksloses Gesicht zu. »Nun, es tut mir leid, wenn ich Sie habe warten lassen, aber wir haben zur Zeit sehr viel zu tun – ob Sie und Ihre Freunde es glauben oder nicht.«

»Bitte mißverstehen Sie mich nicht. Ich -« begann ich zu erklären. Ich wollte ihm versichern, daß mir klar war, daß er hart arbeitete, um den Mord an Gryder zu lösen. Aber er ließ mich nicht aussprechen.

»Diese Stadt ist nicht so verschlafen, wie manche Leute vielleicht denken«, meinte er sarkastisch.

»Nein«, sagte ich vorsichtig. »Und Sie offenbar auch nicht, Lieutenant.«

Die Überraschung über meine Antwort machte ihn eine Minute lang sprachlos. Lange genug, daß ich weiterreden und mein Anliegen vorbringen konnte.

»Was ich sagen wollte, es gibt da ein paar Dinge, die Sie, wie ich glaube, wissen sollten. Ich fand, es wäre am besten, es Ihnen unter vier Augen zu sagen, aber es war ein wenig schwierig, Sie zu erreichen.«

Ein wenig schwierig, das war stark untertrieben. Ich hatte alle möglichen Amtswege durchlaufen müssen, bis mir diese Audienz gewährt worden war. Ich hatte mit dem diensthabenden Beamten auf dem Grundstück sprechen müssen, der mir eine Telefonnummer gegeben hatte. Dann mußte ich eine Sekretärin beschwatzen. Und einen anderen Polizisten, der sich erst, nachdem er im Haus angerufen und mit dem diensthabenden Polizisten dort gesprochen hatte, bereiterklärte, die Nachricht an Donaldson weiterzuleiten. Schließlich wurde ich angewiesen, auf den Anruf von Donaldson zu warten. Und als er schließlich anrief, mußte ich Lieutenant Donaldson selbst überzeugen, daß ich etwas so Wichtiges wüßte, daß sich ein Treffen unter vier Augen für ihn auch wirklich lohnte. Es war alles total undurchschaubar – und vollkommen überflüssig, da war ich sicher.

Als schließlich Fords frisch gewaschenes, benzinsparendes, vernünftiges Auto auf der Straße gleich neben dem Covington-Zentrum anhielt, schien sich seine persönliche Krise – was immer es war – noch ein wenig verschärft zu haben, denn er war noch empfindlicher und griesgrämiger als zuvor.

Auf die Sorgfalt, mit der er sich kleidete, hatte sich seine Stimmung aber anscheinend nicht ausgewirkt: Er war so penibel angezogen wie an jenem Abend, als ich ihn zum ersten Mal sah. Diesmal ganz in Braun: die Schuhe, die Hose, das Hemd – alles in fein nuancierten Brauntönen. Als ich mich auf den Beifahrersitz setzte, sah ich auf dem Rücksitz einen wunderschönen Cowboyhut.

Der Wagen setzte sich lautlos in Gang.

»Also«, sagte er. »Endlich allein.«

»Ja«, sagte ich. »Vielen Dank, daß Sie sich die Zeit genommen haben.«

»Ich fürchte aber, ich habe nur wenig Zeit. Übrigens, wie ich hörte, hatten Sie gestern sehr viel Glück. Ein solcher Unfall hätte viel schlimmer ausgehen können. Ich habe gehört, Ihre Freunde haben auch nicht viel abbekommen.«

»Die Polikoffs sind nicht meine *Freunde*«, sagte ich gereizt; ich wußte, wie sich das anhörte, konnte mich aber nicht bremsen. »Als Sie nach dem Mord mit uns sprachen, waren Sie gewiß mit anderen Dingen beschäftigt, Lieutenant, aber ich dachte, ich hätte meine Stellung in diesem Haus klargemacht.«

Er gab keine Antwort. Ich sah, wie er auf das Straßenschild mit der Aufschrift WILLKOMMEN IN HARRODSVILLE blickte und dann rasch abbog. Eine halbleere Packung Bonbons rollte langsam über das Armaturenbrett zum Lenkrad.

»Ich glaube, ich könnte eine Tasse Kaffee brauchen«, sagte er dann. »Sie können im Lokal genausogut mit mir reden wie hier. Um diese Tageszeit ist es bei Miss Edna ebenso ... ungestört ... wie nur irgendwo.«

Ich hoffte, daß dies ein Zeichen dafür war, daß die stoische Einsamer-Wolf-Fassade des Mannes zu bröckeln begann. Er nahm sich ein Bonbon, und ich fragte mich im stillen, ob seine wechselnden Launen vielleicht etwas mit dem Zuckerhaushalt seines Körpers zu tun hatten.

Miss Edna's Diner war wirklich ein Relikt aus einer vergangenen Zeit – mit einem Sodawasserbehälter und abgewetzten Lederbänken und einer einsamen Serviererin mit orthopädischen Schuhen. Ich fragte mich, ob schon irgendeine Filmgesellschaft dieses Lokal entdeckt hatte. Es hätte einen wunderbaren Drehort für einen Film abgegeben, der in den vierziger Jahren spielte.

Donaldson hatte es nicht eilig, mich nach meinen Informationen zu fragen. So, wie er sich freundlich mit der Köchin unterhielt und sich eingehend die Kuchenvitrine ansah, bevor er seine Wahl traf, vermittelte er mir eine unmißverständliche Botschaft: Ich konnte unmöglich etwas wissen, das für *seine* Ermittlungen wirklich von Bedeutung war.

Doch schließlich war er bereit, mir zuzuhören. Zuerst gab ich ihm eine improvisierte kurze Beschreibung der Persönlichkeiten von Miranda und Beth – soweit ich dazu überhaupt in der Lage war. Dann erzählte ich ihm in knappen Worten, was mir Miranda offenbart hatte: daß Beth und Will ein Verhältnis gehabt hatten und daß sie sich nicht lange vor seinem Tod heftig gestritten hatten. Dann erzählte ich von dem verstaubten Liebesnest im Schuppen, das Mirandas Geschichte in einem glaubwürdigeren Licht erscheinen ließ.

»Nun«, sagte er, als ich mit meinem Bericht fertig war, »das ist wirklich interessant.«

Ich wußte nicht recht, was ich sagen sollte. Mein spöttisches Lachen hörte sich eher an wie ein Schnauben. »Stimmt. Ich finde auch, daß es ›interessant‹ ist.« Er trank Kaffee, und ich wartete. Und wartete.

»Wissen Sie«, sagte er schließlich, »dazu fallen mir zwei Dinge ein. Erstens schien es mir, als hätten die Mitglieder dieses Ensembles nicht allzu viel füreinander übrig. Irgend etwas ... stimmt nicht mit Ihren Freunden.«

Diesmal nahm ich seinen Köder nicht an, also fuhr er fort: »Und zweitens muß ich glauben, daß eine derartige Geschichte ziemlich ... sehr ...«

»Sehr *was*, Lieutenant?«

»Sehr stark übertrieben ist, Miss Nestleton.«

Mein Puls wurde schneller. Ford Donaldson konnte einen wirklich zur Weißglut treiben, mehr als sonst jemand, dem ich je begegnet war.

»Was wollen Sie damit sagen, Lieutenant Donaldson? Daß ich ein paar schlüpfrige Gerüchte gehört und mich davon habe mitreißen lassen? Daß *ich* diejenige bin, die so stark übertreibt?«

Den letzten Satz sagte ich zu seinem Rücken, denn er winkte der Serviererin, daß sie ihm nachschenken sollte.

Plötzlich verstand ich, wie befriedigend es für einen Mann sein muß, einem anderen kurz auf die Schulter zu klopfen und ihn dann niederzuschlagen.

»O nein«, sagte er, als er sich wieder zu mir drehte. »Nicht unbedingt Sie. Vielleicht übertreibt allein Miss Bly.«

»Und worin würde ihre Übertreibung bestehen? Daß Beth und Will miteinander geschlafen haben, daß aber ihr Streit gar nicht ernst war?«

»Vielleicht. Vielleicht so etwas in der Art.«

»Aber ich habe keinen Grund, Mirandas Geschichte zu bezweifeln. Wenn ich Beweise für den einen Teil davon gefunden habe, warum sollte ich nicht auch dem anderen Teil Glauben schenken?«

»Aber Sie haben keine Beweise gefunden«, sagte er nur. »Sie haben hier nicht nur ein Problem, von Punkt A zu Punkt B zu gelangen, Sie sind noch nicht mal bei Punkt A angelangt.«

»Was meinen Sie damit?«

»Hören Sie«, sagte er nicht unfreundlich, »Sie können nicht beweisen, daß diese Laken, die Sie im Schuppen gesehen haben, von Beth und Gryder benutzt wurden – oder von irgendwelchen anderen zwei Menschen.«

»Aber die Geschichte paßt!« beharrte ich.

»Ich werde Ihnen etwas erklären, Alice. Sie haben doch nichts dagegen, daß ich Sie Alice nenne, oder?«

Ich zuckte die Achseln. »Ist mir egal. Reden Sie nur weiter – bitte.«

»Sie kennen diese Gegend hier nicht sehr gut, Alice. Eigentlich kennen Sie sie überhaupt nicht.«

»Stimmt.«

»Würden Sie sie kennen, dann wüßten Sie, daß die hiesige Jugend nichts lieber tut, als das »Zutritt verboten«-Schild auf dem Anwesen zu mißachten. Sie dringen auf das Grundstück vor. Sie benutzen den Bach als Toilette und die unversperrten Hütten als Motels. Sie stehlen Geräte. Sie beschmieren die Hauswände. Sie benehmen sich unmöglich, weil sie nichts Besseres zu tun haben. Sie gehen nicht mehr zur Schule, sie sind arbeitslos oder schlicht und einfach dumm. Wissen Sie, was ich meine, Alice?«

»Sie meinen, den Einheimischen war das Zentrum und alles, wofür es steht, nie sehr sympathisch. Sie haben etwas dagegen, daß die Leute aus der Stadt in ihre Gemeinde kommen, mit ihrer Arroganz ... und ihren Autos ... und ihrer ›Kunst‹.«

»Nein, Alice«, sagte er müde. »Das meine ich ganz und gar nicht. Ich habe gesagt, *ein paar* von den jungen Leuten stellen allerlei Unsinn an. Dumme Flegel. Nicht die Leute aus der ›Gemeinde‹, wie Sie es nennen. Die meisten Menschen wissen das, was die Covington-Schule für die Stadt getan hat, sehr zu schätzen.«

»Warum bezeichnen Sie das Zentrum immer als Schule?«

»Weil es ursprünglich, in den zwanziger Jahren, eine Schule war. Eine Frau aus dem Ort, die in Boston Tänzerin gewesen war, kam hierher zurück und machte eine Schule für die Kinder auf – für die Kinder *dieser Gemeinde* –, in der sie tanzen und malen und jede nur erdenkliche Kunstform lernen konnten. Es gab mal eine Zeit, da hatten wir Künstler aus aller Welt hier, die uns Hinterwäldlern beibrachten, was Kunst ist.

Die Schule ist seit etwa siebzig Jahren Teil des Lebens in dieser Gegend. Fragen Sie den Lebensmittelhändler, ob er nicht Wert auf das Geschäft mit den Leuten dort legt. Fragen Sie Paul Fiske im Schnapsladen. Glauben

Sie, die Schule zahlt nicht Grundsteuern wie jeder andere? Und die Wasserrechnung? Die Leute, die einmal hier waren, kommen häufig auf Urlaub wieder her. Sie mieten Autos, sie nehmen sich Privatzimmer. Sie kaufen Bücher im Buchgeschäft. Sie –«

»Schon gut, Lieutenant Donaldson! Ich glaube, langsam verstehe ich.«

»Das hoffe ich.«

Er hatte Argumente angeführt, die ich nicht einfach vom Tisch wischen konnte. Und es war nicht nur der sozioökonomische Vortrag, den er soeben gehalten hatte. Ja, vermutlich war es möglich, daß auch einheimische Teenager den Schuppen als Liebesnest benutzt hatten. Mit Ausnahme der Cognacflaschen. Wie hoch war die Wahrscheinlichkeit, daß arbeitslose Jugendliche oder junge Leute mit miesest bezahlten Jobs auf einen kleinen Ausflug Martell Cognac mitnahmen wie andernorts eine Sechserpackung Budweiser?

Jedenfalls war ich nach wie vor überzeugt, daß Mirandas Geschichte stimmte. Und daß die Beziehung zwischen Beth und Will bei dem Mord eine wichtige Rolle gespielt haben konnte.

»Lieutenant Donaldson«, sagte ich, »ich muß zugeben, daß alles, was Sie gesagt haben, ebenfalls ›interessant‹ ist. Aber ich muß Ihnen noch etwas erzählen.« Ich war jetzt bereit, die Bombe platzen zu lassen

»Noch etwas?« fragte er geistesabwesend, während er das Trinkgeld für die Serviererin abzählte. »Was denn, Alice?«

Ernst sagte ich: »Dieser Unfall gestern war kein Unfall. Irgend jemand hat versucht, uns – oder mich – oder Roz – oder wen immer – umzubringen.«

Das rüttelte ihn auf.

Ich redete schnell weiter und erzählte ihm alles über meine Suche nach dem verletzten Hund; über die seltsamen schlittenähnlichen Abdrücke, die ich auf der Straße gesehen hatte; und dann über das große Stofftier mit den schlammbespritzten Kufen im Schuppen.

Er unterbrach mich mit keinem Wort. Und als ich fertig war, begann er zu lachen.

Erneut fuchsteufelswild saß ich da und wartete, bis seine Heiterkeit verebbte.

Nach ein paar weiteren erstickten Lachanfällen verstummte er. Und seine Miene nahm schließlich wieder ihren vorherigen unergründlichen Ausdruck an.

»Sind Sie fertig, Ford?«

»Jaaah. Ja, Alice, ich bin fertig.« Er sah auf die Uhr und fragte mich dann sehr höflich: »Möchten Sie noch Kaffee?«

»Nein, möchte ich nicht!«

Donaldson beugte sich vor, zu mir herüber, und nahm eine ausdruckslose, sehr professionelle Haltung an. Dann begann er mir in rascher Folge eine Reihe von Fragen zu stellen.

»War die Fahrt in die Stadt schon einige Tage vorher geplant?«

»Nein«, antwortete ich, »natürlich nicht – das heißt, ich weiß nicht, wie das hätte möglich sein können. Ben entschloß sich ganz spontan dazu, und ich beschloß, mit ihnen mitzufahren. Im Haus war es so düster ...«

»Wie hätte auf eine spontane Idee hin ein so ausgeklügelter Plan zur Ausführung gebracht werden können? Da hätte man irgendwo auf der Straße einen Komplizen gebraucht – nicht wahr? – irgend jemanden, der mit Ihrem Stoffkamel und einem Autotelefon gewartet hätte.

Irgend jemand hätte ihn in dem Moment, in dem Sie drei wegfuhren, vom Haus aus anrufen müssen, und dann hätte er das Auto irgendwo verstecken, sich an einer strategisch günstigen Stelle an der Straße aufstellen und warten müssen, bis er den Mercedes sah, und dann hätte er im letzten Moment über die Straße laufen – oder, noch besser, das Stofftier im genau richtigen Augenblick über die Straße ziehen müssen.«

Er hielt kurz inne und wartete auf meine Antwort. Ich wußte keine. Er hatte recht: Das Komplott hätte so ausgeklügelt sein müssen, daß es fast schon absurd war.

»Der Mann im Auto erhält auf seinem schicken Telefon einen Anruf und erfährt, daß Sie drei unterwegs sind. Okay – woher weiß er, wohin das Auto fährt, sobald es das Anwesen verlassen hat? Vom Haus aus sieht man nicht mal die Straße. Sie können nach rechts oder nach links abbiegen. Es gibt mindestens zwei Möglichkeiten, von Covington nach Northampton zu fahren – eine führt direkt über die Autobahn, die andere dauert länger, ist aber landschaftlich schöner. Und wenn sich Polikoff für die Straße hinter der Schule und durch Cheltonham entschieden hätte?«

Wieder wußte ich keine Antwort.

»Hört sich an, als würde der Mann mit seinem Kamel dann im Regen stehen, nicht wahr, Alice?«

Auf dem Rückweg schwiegen wir die meiste Zeit.

Donaldson fuhr ganz nahe ans Tor heran und wartete, daß ich ausstieg. Ich hatte beim guten Soldaten Ford verspielt. Er hielt ganz offensichtlich nicht viel von mir oder meinen Theorien. Es war mir schrecklich peinlich, daß ich das alles nicht besser durchdacht und überzeugender vorgebracht hatte, und meine Gefühle waren auch verletzt. Aber ich wußte, ich würde darüber hinwegkommen. Im Augenblick war die Logik vielleicht auf seiner Seite, aber man hatte versucht, *mich* umzubringen, nicht ihn.

Ich stieg nicht gleich aus dem Auto aus. Als er sah, daß ich noch sitzenblieb, wartete er schweigend.

»Noch eins«, sagte ich leise; ich wußte nicht, wie er das, was ich sagen wollte, aufnehmen würde. »Ungeachtet der Tatsache, wie es heute gelaufen ist, habe ich ... habe ich schon einige Erfahrungen ... als Verbrechensermittlerin. Professioneller Art, meine ich.«

Er starrte mich verwirrt an.

Sollte ich ihm von den Fällen erzählen, die ich gelöst hatte? Sollte ich meine Referenzen anführen, ihm sagen, daß ich schon einmal als Beraterin für eine Eliteabteilung der New Yorker Polizei engagiert worden war? Nein. Ich beschloß, nicht zu versuchen, ihm zu beweisen, daß ich in diesen Dingen kein Idiot war.

Statt dessen sagte ich schlicht: »Ich möchte Ihnen meine Hilfe bei dem Fall hier anbieten.«

»Natürlich«, sagte er, »wir wissen das wirklich zu schätzen.«

Sein Ton war so gönnerhaft, daß es ihm, wie ich glaube, selbst peinlich war. Es hätte mich nicht überrascht, wenn er mir den Kopf getätschelt hätte. Und um zu verhindern, daß er das vielleicht wirklich tat, stieg ich schnell aus dem Auto aus.

Zitternd stand ich auf dem kalten Weg und sah ihm nach, als er wegfuhr. So entmutigt ich war, ich wußte, ich mußte meine Gedanken ordnen und überlegt vorgehen. Ich wußte, ich mußte sozusagen wieder am Anfang anfangen. Ich mußte in Erfahrung bringen, was hinter der offiziellen Begründung für den Beschluß des

Riverside Quartetts steckte, sich hierher zurückzuziehen – den wahren Grund herausbekommen. Mit diesen Nachforschungen würde ich bei dem Mann beginnen, der *alle* Entscheidungen für das Quartett traf: bei Mathew Hazan.

Ich wollte gerade durch das Tor gehen, als ich ein Motorengeräusch hörte. Das saubere Dienstauto, das ich nun schon so gut kannte, kam wieder die Auffahrt herauf. Vielleicht hatte Ford Donaldson etwas vergessen. Oder vielleicht wollte er mich bloß noch ein wenig auslachen.

Er winkte mich zu seinem heruntergekurbelten Fenster.

»Hören Sie, äh … Alice … ich möchte nicht, daß Sie wütend weggehen. Ich wollte mich nur entschuldigen … wenn ich Sie gekränkt habe. Und Ihnen sagen, daß ich Ihre Hilfe wirklich schätzen würde. Hier ist eine Nummer, unter der Sie mich immer erreichen können, wenn Sie noch irgend etwas erfahren.« Er drückte mir eine weiße Visitenkarte in die Hand. Ich warf ihm noch immer finstere Blicke zu. »Im Ernst«, sagte er. »Ich will Ihre Hilfe. Verstehen Sie?«

»Oh, ich glaube schon, Ford«, sagte ich mit ausdruckslosem Gesicht. »Sie brauchen eine Pointe für Ihre Geschichte, wenn Sie sie in der Garderobe den Jungs erzählen. Und Sie können sicher sein, daß sie ihnen gefallen wird.« Der Mann war grausam. Ich trat rasch zurück und ging auf das Tor zu.

»Noch einen Augenblick!« rief er scharf.

Ich blieb wie angewurzelt stehen.

»Bitte hören Sie mir eine Minute zu! Jetzt möchte *ich* Ihnen zur Abwechslung mal was über diesen Fall erzählen. Okay?«

Ich drehte mich um und ging zurück.

»Alles an diesem Mord weist auf einen betrunkenen einheimischen Strolch hin, der eigentlich bloß ein paar reiche Leute beklauen wollte und sich dabei voll übernommen hat. Wahrscheinlich hat er gedacht, die Scheune sei leer – wer weiß? Vielleicht ist Gryder auf dem Sessel eingeschlafen. Er wacht auf und sieht, daß jemand die Scheune ausraubt, und der Junge gerät in Panik und bringt ihn um. Das ist ein vernünftiger Ansatz bei diesem Fall, und den müssen wir weiterverfolgen. Aber die Sache hat einen Haken – und zwar einen gewaltigen. Und ich würde Ihnen das nicht erzählen, wenn ich nicht dächte, daß Sie was auf dem Kasten haben.« Er verstummte einen Moment. »Oder wenn ich dächte, daß Sie Mr. Gryder umgebracht hätten.«

Ich nickte zum Zeichen, daß ich verstand.

»Der Haken ist, daß in der Nacht, als Gryder ermordet wurde, irgend jemand sein Zimmer im Haupthaus auseinandergenommen hat. Wir wissen, wann er ermordet wurde, aber nicht, wann das Zimmer durchwühlt wurde. Und wenn das Zimmer vor dem Mord durchsucht wurde ... Sie können mir doch soweit folgen, nicht wahr, Alice?«

Das konnte ich. Es hörte sich an, als hätte jemand im Haus in Wills Zimmer verzweifelt nach etwas gesucht. Und als er es nicht fand, ging er in sein Studio. Was immer dann dort geschah, es endete wahrscheinlich damit, daß ihn dieser jemand umbrachte.

Ich blickte aufmerksam in Ford Donaldsons markantes Gesicht und sah, daß er sich jetzt nicht mehr über mich lustig machte oder sich gönnerhaft benahm. Nicht daß ich den Mann verstand – ganz und gar nicht. Vielleicht war er ein echter exzentrischer Neuengländer, vielleicht war er eine gequälte Seele, oder vielleicht hatte er auch nur eine gemeine Ader. Aber er hätte mir eine derartige Information nie gegeben, wenn er mich nicht ernst genommen hätte.

Ich trat vom Auto weg. »Vielen Dank, Lieutenant«, sagte ich.

»Wir sehen uns, Alice.«

8

Es wurde immer schwieriger, die Illusion aufrechtzuerhalten, daß wir eine fröhliche Gesellschaft waren. Die verbliebenen Bewohner des Zentrums – Mat, Beth, Darcy und Miranda – sprachen miteinander, aßen gemeinsam, hörten Musik und saßen mit ihrem Cognac zusammen am Feuer. Doch jeder schien von einem persönlichen Kummer oder einer Depression befallen zu sein, die an ihm nagte. Immer wieder tauchte einer von ihnen kurz aus seiner Niedergeschlagenheit auf, kommunizierte mit den anderen und verfiel erneut in Schweigen.

Nur eine aus unserer Runde schien keine Sorgen zu haben: Lulu. Sie hatte den Großteil des Abends friedlich schlummernd auf meinem Schoß verbracht; meinen Angriff auf ihre Qualitäten als Mäusefängerin hatte sie mir vollkommen verziehen. Eigentlich hatte ich damit ja die Scottish-Fold-Katzen auf der ganzen Welt diffamiert. Inzwischen breiteten sich die Feldmäuse im Haupthaus mit ungeahnter Schnelligkeit aus. Sie wurden mit jedem Tag dreister und hatten sich jetzt auch schon in der Bibliothek häuslich eingerichtet.

Ich fühlte mich ein wenig voll von Mrs. Wallaces großartigem Mahl mit seinen zahlreichen Gängen. Doch je düsterer unsere Stimmung wurde, desto mehr bekochte sie uns. Der Hauptgang heute abend war ein phantastischer Schweinebraten mit Backpflaumen gewesen, und ich hatte gegessen wie eine Geistesgestörte.

Mathew Hazan tat seine Pflicht als Friedensstifter/ Conferencier/Händchenhalter und weiß Gott was noch alles. Am Vormittag hatte er sich mit Darcy hinter verschlossene Türen zurückgezogen, wo sie ein schwieriges Stück von Smetana übte, das sie bei einer bevorstehenden Plattenaufnahme als Gastsolistin spielen sollte.

Später am Nachmittag hatte ich ihn und Miranda auf der Schaukel auf der Veranda angetroffen. Sie schlief in seinen Armen. Gefährlich nah am Rand des Geländers stand eine riesige Flasche Tanqueray Gin und zu ihren Füßen ein Glas, das durch die schmelzenden Eiswürfel zu schwitzen begonnen hatte.

Kurz vor dem Abendessen hatte er hinter Beths Stuhl gestanden und ihr kräftig den Rücken massiert; sie hatte vor Wonne gestöhnt. Meine Muskeln waren auch verspannt. Ich war hinausgegangen und herumspaziert, bis es Zeit zum Abendessen war.

Mathew Hazan war ein so unermüdlicher, engagierter, kultivierter Mann. Ich fragte mich, warum er mir nicht sympathischer war.

Wie es schien, war ich nicht die einzige, die vom Abendessen etwas benommen war. Zum Schutz gegen die kühle Abendluft in dicke Westen gehüllt, saßen die Mitglieder des Ensembles herum und nippten lustlos an ihrem koffeinfreien Kaffee oder an einem Drink. Ab und zu nahm jemand eine Zeitschrift zur Hand, legte sie aber bald wieder weg. Mat war noch immer als moralische Stütze und Aufmunterer im Einsatz. Ich beobachtete, wie er von einer Dame zur anderen wanderte und leise mit ihr sprach, Scherze machte, sie beruhigte. Es war erstaunlich, wieviel Zeit er darauf verwandte, die Bedürfnisse dieser Frauen zu befriedigen, aber als ihr Manager war das vermutlich sein Job. Trotzdem, auch seine Leistungsfähigkeit hatte Grenzen.

Schließlich sagte er gute Nacht und ging mit einer alten Nummer von *Opera News* unter dem Arm die Treppe hinauf. Das war mein Stichwort, meine Chance.

Ich blieb noch etwa zehn Minuten unten sitzen, gab dann Lulu an ihre rechtmäßige Besitzerin weiter und ging ebenfalls hinauf.

Mathews Tür war angelehnt, und das Licht brannte. Ich klopfte leise und hörte gleich darauf sein freundliches »Nur herein.«

Ich schloß die Tür hinter mir. Er lag, noch immer voll angezogen, die Hände hinter dem Kopf verschränkt, quer über dem Bett.

»Entschuldigen Sie, daß ich Sie störe«, sagte ich. »Kann ich ein paar Minuten mit Ihnen reden?«

»Natürlich«, sagte er. »Nehmen Sie Platz.« Er lächelte mich freundlich an, doch als ich mich auf den Stuhl mit der geraden Lehne setzte, der unweit von ihm stand, schien ihn plötzlich Panik zu erfassen. Er setzte sich auf. »Es ist doch alles in Ordnung, oder?«

»Ja, ja. Es geht uns allen gut.«

Ich mußte die Sache vorsichtig angehen und daran denken, daß ich die Naive spielen mußte.

»Wahrscheinlich ist dies ein sehr ungünstiger Zeitpunkt für die Frage, die ich Ihnen stellen möchte«, begann ich zögernd, »aber ich werde bald nach Hause fahren, und etwas, das mir Beth erzählt hat, ist so ... interessant ... daß ich einfach ein wenig mehr darüber wissen möchte. Wahrscheinlich könnte ich auch sie fragen, aber ... nun, Sie wissen ja, in welchem Zustand sie ist.«

»Warum fragen Sie nicht einfach?« sagte er. »Nur los.«

»Also gut. Sehen Sie, Beth hat mir gesagt, das Quartett hätte sich zu einer Art geistiger Erholungspause hierher zurückgezogen. Und das ist etwas schwer zu verstehen. Denn diese Frauen sind ... nun, Profis. Das ist kein Ensemble, das im Kirchenkeller auftritt und vor ein paar schlechten Kritiken in der europäischen Presse davonläuft.«

»Hmm.« Er nickte. »Nun, was ihre Professionalität betrifft, haben Sie hundertprozentig recht. Aber es stimmt tatsächlich, daß ich uns alle zu einer Art spiritueller Erneuerung hier heraufgeholt habe. Das soll jetzt nicht nach einem faulen Zauber klingen – ich meine, ich halte mich nicht für einen Guru oder so was. Aber diese Kritiken haben uns wirklich *am Boden zerstört*. Nach fast zwei Jahrzehnten als eines der führenden Streichquartette auf der ganzen Welt – und speziell im Ausland hat man uns besonders geliebt – war das ein ziemlicher Absturz.

Ich nehme an, Beth hat Ihnen erzählt, wie sie uns niedergemacht haben.«

»Ja«, sagte ich. »Es hat mir sehr leid getan.«

»Ich kann Ihnen sagen, es war brutal. Brutal! Aber wissen Sie, das ganze Geschwafel darüber, daß wir unsere gemeinsame Leidenschaft verloren hätten, traf irgendwie merkwürdig ins Schwarze. Der Zusammenhalt zwischen uns war verschwunden, und wir wußten es. Und ich wußte, wir mußten etwas unternehmen, um unsere Qualität wiederzuerlangen. Es war in letzter Zeit für alle sehr hart, aber ich mußte etwas tun.«

Wir schwiegen lange. Dann zog er seine Hände unter

dem Kopf hervor und schwang die Füße auf den Boden; er starrte mich an, als wolle er feststellen, ob ich die Gefahr verstand, die das Riverside Quartett bedrohte.

Seine Stimme wurde noch lebhafter. »Ich *mußte* etwas für diese Frauen tun – meine Freundinnen, meine ... Ich kam auf die Idee, alle sozusagen nackt und bloß zusammenzubringen, wenn Sie den Ausdruck entschuldigen. Um herauszufinden, was uns zu schaffen macht. Und um wieder eine Art ... Erstkontakt miteinander aufzunehmen. Wie früher. Freunde zu werden. Kameraden. Was immer.«

Plötzlich stand er auf und schlug die Faust heftig in die andere Hand. Die Bewegung erschreckte mich, und ich lehnte mich abwehrend auf meinem Stuhl zurück.

»Aber es war alles nur ein Luftschloß«, sagte Mat bitter. »Es ist mir nicht nur nicht gelungen, sie wieder zusammenzuschweißen – schauen Sie sich die Katastrophe an, die hier passiert ist. Will ist tot. Das Ganze war von Anfang an zum Scheitern verurteilt. Alles meine Schuld. Ich hatte vergessen, aus welchem Holz erstklassige Streichquartette geschnitzt sind. Ich glaube, ich habe es einfach ... vergessen.«

Er war jetzt etwas ruhiger und setzte sich nieder. »Sie haben keine Ahnung, wovon zum Teufel ich rede, stimmt's?«

»Nicht wirklich«, sagte ich.

»Ich werde versuchen, es Ihnen zu erklären. Sehen Sie, Ensembles wie das unsere – Kammermusikensembles, Streichquartette, was immer – bestanden im allgemeinen immer aus Musikern, denen klar war, daß sie niemals eine große Solokarriere machen würden. Sie haben akzeptiert, daß sie nicht das Zeug hatten, berühmte Solisten zu werden – Stars.«

»Wie Heifetz«, warf ich ein. »Oder Jaqueline Dupré.«

»Genau«, sagte er. »Wie sie. Nun, Musiker in Ensembles wie dem unseren akzeptierten die Tatsache, daß sie niemals die Carnegie Hall bis zur Decke mit Leuten füllen würden, die viel Geld zahlen würden, um sie zu hören – sie ganz allein. Also arbeiteten sie weiter an ihrer Karriere; sie waren gute Musiker, in manchen Fällen auch brillante Musiker, aber sie spielten mit ... was? ›Bescheidenheit‹ ist wahrscheinlich das richtige Wort. Sie leisteten gute Arbeit, aber es stieg ihnen nicht in den Kopf. Sie benahmen sich nicht wie Virtuosen.

Also gab es viele gute, harmonische Streichquartette. Und alle waren langweilig.

Und dann stellte sich ein genialer Mensch die Frage: Warum soll ein Quartett auf dem niedrigsten Energieniveau zusammenspielen? Warum sich nicht auf dem höchsten Niveau treffen? Was wäre, wenn jedes Mitglied des Quartetts spielte wie eine Virtuosin und sich auch dafür hielte – warum soll man dem Publikum nicht soviel bombastischen Starrummel bieten, wie es verträgt?«

Ich konnte es mir nicht verkneifen, etwas Salz in seine Wunde zu streuen. »Also haben Sie in die feine Welt der Kultur ein wenig Showbusiness eingebracht. Und dieses namenlose Quartett war das Riverside Quartett ... und der geniale Mensch waren Sie.«

»Stimmt! So war es. Und das Quartett war eine echte musikalische Kraft. Also, Sie müssen das richtig verstehen. Zu Beginn wurde das Riverside Quartett zweifellos als eine Art nette neue Einlage betrachtet – wie diese reinen Frauenorchester in den vierziger Jahren.

Und es schadete natürlich nicht, daß sie alle hübsch und klug waren und vor Vitalität sprühten. Es war alles sehr sexy. Es gab sogar Leute, die dachten, das Ensemble sei als eine Art Beschwichtigung für die Emanzipationsbewegung gegründet worden, die in den siebziger Jahren sehr stark war. Aber der Grund für den durchschlagenden und beständigen Erfolg des Riverside Quartetts war, daß sich jede einzelne Musikerin beim Spielen hemmungslos auslebte. Als seien die Leute einzig und allein ihretwegen gekommen. Das war das Geheimnis unseres Erfolgs. Das heißt, bis jetzt.

Und jetzt sind unsere Probleme natürlich größer als je zuvor. Ein lächerlicher kurzer Monat auf dem Lande wird uns das, was wir einmal gehabt haben, nicht zurückbringen – diese Virtuosität, dieses Feuer. Ich glaube, ich habe unterschätzt, wie schlimm es um uns stand. Oder meine eigenen Fähigkeiten überschätzt. Wie immer man es betrachtet, ich habe einen schrecklichen Fehler begangen, als ich alle hier heraufgeholt habe. Und mein Fehler hat Will das Leben gekostet.«

»Aber woher hätten Sie wissen sollen, daß er umgebracht werden würde?« sagte ich mit Absicht. »Dafür können Sie sich nicht die Schuld geben.«

Hazan nickte langsam und dankte mir stumm für meine Worte. Dann ging er ans Fenster und starrte hinaus in die Finsternis. Es war ein Wind aufgekommen, der an den Fensterläden zu rütteln begann.

»Sie sind Schauspielerin?« fragt er leise.

»Stimmt.«

»Ah. Das erklärt viel.«

»In bezug worauf?«

»Die meisten Schauspieler haben keine hohe Meinung von Agenten und Managern. Wir erledigen stets unsere Arbeit, aber ihr haltet uns für Idioten.« Er drehte sich um und sah mir direkt ins Gesicht. »Sie haben vielleicht soweit eine ganz gute Vorstellung gegeben, aber ich glaube nicht einen Augenblick, daß Sie zu mir gekommen sind, um mich nach meiner Meinung über spirituelle Ruhepausen in der Welt der klassischen Musik zu fragen.«

Mir fiel keine Antwort ein. Er hatte mich ertappt, meine List durchschaut.

»Warum sagen Sie mir nicht einfach, was Sie wirklich wollen?« fragte er und klopfte mit den Fingernägeln auf den Schreibtisch.

Ich hielt es für das beste, einfach ehrlich zu sein. Aber was und wieviel sollte ich ihm von den Dingen erzählen, die ich bereits herausgefunden hatte?

»Ich bin schon in Ihr Zimmer gekommen, um Sie nach Ihrer Meinung zu fragen«, sagte ich, »aber nicht über die Ruhepause.«

»Worüber dann?«

»Ob Sie glauben, daß eines der Ensemblemitglieder Will Gryder ermordet haben könnte.«

»Also, bitte!« sagte er angewidert. »Du lieber Gott! Haben wir nicht schon genug Polizisten im Haus?«

»Ich bin nicht bei der Polizei, Mr. Hazan.«

»Was ist es dann – morbide Neugier? Dieser Unsinn mit dem Amateurdetektivspielen?«

Ich beherrschte meine Gefühle. »So etwas in der Art.«

»Sie wollen meine *Meinung* hören, Miss Nestleton? Also: es ist unmöglich – ich wiederhole, *absolut unmöglich* –, daß jemand in diesem Haus Will umgebracht oder irgend etwas mit so einem Verbrechen zu tun haben könnte. Und jeder, der das glauben sollte, ist schlicht und einfach verrückt. Sie haben anscheinend keine Ahnung von Will Gryder und von der Zuneigung, die wir für ihn empfunden haben.

Will hatte seine Fehler, er war auch nur ein Mensch. Doch er war das allerbeste Beispiel für einen Musiker. Verstehen Sie? Sein ganzes Verhalten war von Musik durchdrungen. Sicher, er hat gern angegeben – aber welcher Künstler tut das nicht? Und vielleicht war er ein bißchen wilder und impulsiver, als ihm guttat. Aber er war ein ehrenwerter Mann, und überaus großzügig – ja, das vor allem, großzügig. Gott weiß, wie vielen Musikern er mit Geld ausgeholfen hat oder mit Jobs, oder wie viele er in seiner Wohnung aufgenommen hat. Und die Gratisstunden, die er gab? Wie vielen Hunderten Menschen hat er einen Gefallen getan und nie eine Gegenleistung dafür verlangt? Nein, er wurde nie der berühmte Pianist, der er so gerne gewesen wäre, aber er war ein guter Musiker, und die Menschen achteten ihn. Wissen Sie, was Glenn Gould einmal gesagt hat? Er sagte, wenn er sich schon die romantischen russischen Komponisten anhören *müßte*, dann sei der einzige, den er aushielte, Willy Gryder!«

Er verstummte und starrte mich feindselig an. »Sie glauben mir nicht, oder?«

Ich schwieg.

»Also glauben Sie, daß einer von uns Will ermordet hat«, sagte er verächtlich. »Nun, dann tun Sie mir einen Gefallen, Miss Nestleton. Sagen Sie mir, warum. Warum sollte einer von uns ihn umbringen wollen?«

»Aus Eifersucht«, sagte ich einfach. »Aus Wut. Aus Leidenschaft.«

»Was meinen Sie – Sex?«

»Ja.«

»Sind Sie ... aber das *kann* nicht Ihr Ernst sein.«

»Es ist mein Ernst.«

»Ach, um Himmels willen! Woher kommen Sie – von einer Farm? Hören Sie, diese Frauen sind kultivierte, unabhängige, erwachsene Menschen. Sie verbringen dreiviertel des Jahres auf Tournee – getrennt von ihrem Heim und ihren Familien. Sie fühlen sich einsam – wie jeder andere an ihrer Stelle auch. Und sicher, einige von ihnen sind mit Will Gryder ins Bett gegangen. Na und? Er war ebenfalls erwachsen – unverheiratet und mehr als bereit, mitzumachen. Wollen Sie mir sagen, daß einer von ihnen eine kurze Affäre so unter die Haut ging, daß sie ihn *umbrachte*? Das ist absurd!«

»Es ist nicht absurd, Mr. Hazan. Will wurde von jemandem ermordet, mit dem er sehr vertraut war.«

»Dann sollte ich vielleicht auch um mein Leben bangen!« schnaubte er.

»Wollen Sie damit sagen, daß Sie ebenfalls Affären mit Mitgliedern dieses Ensembles hatten?«

»Ja, falls Sie das etwas angeht. Ich habe Ihnen gesagt, wir sind alle Freunde. Aber ich glaube, Sie verstehen so eine Art Freundschaft nicht. Sie scheinen in irgendeinem puritanischen Zeitalter steckengeblieben zu sein.«

»Eifersucht ist zeitlos, Mr. Hazan. Und auch Leidenschaft kann zeitlos sein.«

»Scheiße!« rief er heftig. Seine intellektuelle Fassade bröckelte ab. Ich wußte, es war Zeit, daß ich ging.

»Schön, Mr. Hazan. Ich glaube, ich habe Ihre Zeit lange genug in Anspruch genommen. Und es tut mir leid, wenn ich Sie beunruhigt habe.« Ich erhob mich und ging rasch zur Tür.

»Einen Augenblick.«

Ich drehte mich zu ihm um.

»Ich glaube, ich muß mich auch bei Ihnen entschuldigen«, sagt er, »obwohl Sie verrückt sind, wenn Sie uns verdächtigen. Aber ich hätte Sie nicht so beleidigen sollen. Verzeihen Sie mir bitte.«

»Es spielt keine Rolle.«

»Oh, doch.« Er lachte sogar kurz auf. »Aber da Sie so neugierig sind und da Sie so absurde Gedanken hegen, warum fragen Sie nicht unsere bescheuerte Köchin? Sie ist diejenige, die Will gehaßt hat.«

»Gehaßt?«

»Jawohl. Will ist ihr auf die Nerven gegangen, weil er sich ständig über das Essen beschwert hat. Er hielt sich für einen Gourmet, einen kulinarischen Experten. Aber er hielt sich ja auf allen Gebieten für einen Experten. So war er eben. Andere Leute nehmen das vielleicht nicht so ernst, doch sie hat es wahnsinnig gemacht. Er hat sich nichts dabei gedacht, aber sie hat ihn verabscheut.«

»Ich verstehe. Also ...« sagte ich zögernd, »dann werde ich mit ihr reden.«

»Ja, tun Sie das«, sagte er gönnerhaft. »Wer weiß? Vielleicht können Sie ja beweisen, daß der Mörder der Butler war – mehr oder weniger.«

Kalt sagte ich: »Gute Nacht, Mr. Hazan.«

»Auch Ihnen eine gute Nacht, Alice. Aber bevor Sie gehen, sagen Sie mir noch eines.«

Die Hand auf der Türklinke, hielt ich inne.

»Soviel ich verstanden habe, verdienen Sie Ihren Lebensunterhalt damit, Katzenkistchen sauberzumachen. Also sagen Sie mir«, fuhr er fort, »für wen zum Teufel halten Sie sich eigentlich, daß Sie hier herumgehen und uns verhören – über was immer?«

Ich schloß leise die Tür hinter mir.

9

Der Wecker klingelte – leise, aber aggressiv. Ich griff unter mein Kissen, wo ich das winzige Ding versteckt hatte, und suchte hektisch nach dem Ausschaltknopf. Es schien ewig zu dauern, bis ich den richtigen kleinen Schalter gefunden hatte; das verdammte Ding summte und schrillte und läutete unentwegt weiter. Inzwischen erstickte ich das Geräusch mit dem Kissen, da ich fürchtete, der Lärm würde Beth im Nebenzimmer aufwecken.

Schließlich schaffte ich es, das Ding abzustellen. Ich schwor mir, den teuren Messingreisewecker mitsamt seinem schwarzen Lederetui bei der ersten Gelegenheit in den Bach zu werfen. Er war das Geschenk einer alten Freundin, ein Dankeschön dafür, daß ich ihr im Vorjahr, als sie auf der Durchreise nach New York gekommen war, die Stadt gezeigt hatte. Zumindest hatte er seine Aufgabe erfüllt. Ich hatte wieder um sechs Uhr früh aufstehen wollen, um Mrs. Wallace allein in der Küche zu erwischen.

Während ich mich anzog, tauchte vor meinem geistigen Auge ein komisches Bild auf: mein stets verteidigungsbereiter, paranoider Kater Pancho, der von Zimmer zu Zimmer jagt. Ich wurde plötzlich von Schuldgefühlen geplagt, weil ich nicht ein einziges Mal Basillio oder Mrs. Oshrin in New York angerufen hatte. Meine armen Kätzchen mußten denken, ich hätte sie im Stich gelassen. Ich beschloß, sie später am Vormittag anzurufen. Jetzt mußte ich mich auf das Gespräch mit Mrs. Wallace vorbereiten. Gespräch, Befragung, Verhör … wie immer man es nennen wollte, ich wußte, Mrs. Wallace würde eine ziemlich harte Nuß werden. Sie war dickköpfig, launisch und scharfsinnig, aber ich hätte nicht unbedingt darauf gewettet, daß sie Will Gryder nur wegen eines Streits über ungarisches Gulasch oder die beste Art, Kuchenteig auszuwalken, umgebracht hatte.

Ich setzte mich auf die Bettkante, um meine Stiefel anzuziehen. Ich würde bei meinem Umgang mit *allen* Leuten im Haus etwas vorsichtiger sein müssen. Mat Hazan war gegen Ende unserer Unterhaltung sehr zornig auf mich geworden. *Für wen halten Sie sich eigentlich?* Er hatte wissen wollen, für wen ich mich hielt, daß ich Fragen stellte, nachforschte, herumschnüffelte – wer mir das Recht dazu gegeben hatte. Natürlich niemand. Also mußte ich ... nun, wenn schon nicht umsichtiger, dann auf jeden Fall weniger direkt sein. Aber andererseits hatte Mathew Hazan keine Ahnung, daß Roz, Ben und ich von irgendeinem diabolischen Puppenspieler und seinem Spielzeugkamel beinahe getötet – ermordet – worden wären. Hazan hatte den Mord an Gryder als »Katastrophe« bezeichnet, aber offenbar kannte er nicht die ganze Geschichte.

Das Zwitschern der Vögel auf dem Ast vor meinem Fenster war lauter geworden. Wären meine zwei Katzen jetzt hier gewesen – wo es draußen Vögel und drinnen Heerscharen von Mäusen gab –, sie hätten wahrscheinlich geglaubt, sie seien gestorben und befänden sich im Katzenhimmel. Aber in den anderen Schlafzimmern regte sich nichts. Es war mucksmäuschenstill im ersten Stock. Dann hörte ich im Erdgeschoß ein leises Klopfen. Es war ein dumpfes, rhythmisches *Hack-hack-hack* – vertraut, beängstigend und unvermeidlich zugleich. Obwohl ich vom Kopf her wußte, daß das Mrs. Wallace sein mußte, die in der Küche irgend etwas machte, sagten mir mein Herz und meine Intuition, daß alle hier in diesem alten Haus in Gefahr waren, ermordet zu werden – *hack-hack-hack* – einer nach dem anderen oder paarweise oder ...

O Gott. Ich war erst ein paar Tage in Massachusetts und kam schon in eine Lizzie-Borden-Stimmung. Ich mußte über mich lachen und versuchte mich an einen alten Vers zu erinnern:

Lizzie Borden, mit 'ner Säge,
gab ihrer Mutter vierzig Schläge.
Als sie sah, was sie gemacht,
gab sie ihrem Vater vierzig und acht.

Oder so ähnlich. Ich wußte, daß es nicht ganz stimmte, aber doch so ziemlich. Ich weiß noch, daß ich beim Hinuntergehen dachte, daß vielleicht eines Tages irgendein verrückter junger Stückeschreiber mit der Figur von Lizzie Borden etwas Interessantes anfangen würde. Ich hätte nichts dagegen, in diesem Stück die Hauptrolle angeboten zu bekommen.

Ich hatte bereits geübt, wie ich Mrs. Wallace anreden würde. Ich wollte ganz liebenswürdig sagen: »Ich habe nur auf die Gelegenheit gewartet, wieder eines Ihrer köstlichen Omeletts probieren zu können, Mrs. Wallace.«

Doch als ich in die Küche kam und sah, wie sie gerade unzähligen Kohlrüben, Karotten und Lauchzwiebeln erbarmungslos die Köpfe abhackte, verkündete sie augenblicklich: »Es gibt noch kein Frühstück, meine Liebe.« In ihren Mundwinkeln entdeckte ich den Anflug eines Grinsens. »Aber es gibt heißen Kaffee, wenn Sie wollen«, fügte sie hinzu.

Mrs. Wallace war eine große, stattliche Frau, vielleicht Anfang Sechzig. Offensichtlich hatte sie einmal eine gute Figur gehabt, war aber breiter geworden. Sie trug ein langes Hauskleid und darüber ein Sweatshirt mit Kapuze und der Aufschrift BERKSHIRE MUSIC FESTIVAL. Ihre Füße steckten in dicken Wollsocken und pelzbesetzten, knöchelhohen Hausschuhen.

»Die *Muffins* sind in einer Minute fertig«, lenkte sie dann etwas ein. »Ein *Muffin* können Sie essen, wenn Sie Hunger haben.«

Ich schenkte mir eine Tasse Kaffee ein, suchte auf dem Tisch den Zucker und entschied mich für ein Päckchen des braunen »Naturzuckers«, den ich manchmal im Supermarkt sah. Ich warf einen verstohlenen Blick auf die Köchin, die noch immer eifrig hackte und schälte.

Wie sollte ich es anfangen? Ich mußte Mat Hazans Bemerkung nachgehen, daß die Köchin Will Gryder gehaßt habe. Aber vielleicht hatte er auch nur einen bösen Scherz gemacht. Angenommen, er wollte es mir heimzahlen, weil ich die Frauen im Quartett verdächtigte? Angenommen, er wollte mich einfach nur lächerlich machen?

Der Kaffee war köstlich und wärmte mich. Ich entschied mich für die direkte Vorgehensweise. »Ich habe gehört, daß Sie und Will Gryder nicht gut miteinander ausgekommen sind, Mrs. Wallace«, sagte ich und rührte in meiner Tasse.

»Das haben Sie gehört, Miss?« entgegnete sie wie aus der Pistole geschossen. »Also, was für ein kleines Vögelchen hat Ihnen das denn erzählt?«

Als ich schwieg, begann sie wieder Gemüse zu zerkleinern, doch bald darauf hielt sie inne und blickte hinunter auf eine Kartoffel, die sie bereits geviertelt hatte.

»Nun, das kleine Vögelchen hatte recht«, sagte sie nach einer Minute. »Wir sind überhaupt nicht miteinander ausgekommen. Weil er ein Esel war. Ein Unruhestifter. Der Mann beschwerte sich über alles – einfach *alles. Diese* Suppe, *jenes* Brot, nichts schmeckte ihm. Das Filet war zu lange gebraten, die Ente zu fett, der Kaffee zu schwach – nicht so, wie man ihn in *I-taaa-lien* macht ... oh, nein!«

Inzwischen hatte sie begonnen, grüne und gelbe Paprika zu putzen, wobei sie achtlos die Samenkörner in der Gegend verstreute. Also war das von Mathew Hazan kein Scherz gewesen: Will hatte sich Mrs. Wallace zum Feind gemacht.

»Nun«, fuhr sie, jetzt etwas nachdenklicher, fort, »ich gebe zu, er sah ja recht gut aus. Und diese Mädchen waren verrückt nach ihm. Das können Sie mir glauben. Aber das ändert nichts daran, daß er ein eitler, arroganter, gewalttätiger Mann war. Wie ich schon sagte, ein Esel.«

Das Wort *gewalttätig* störte mich. Miranda hatte gesagt, daß Beth Will gegenüber gewalttätig geworden war. Aber niemand hatte Will je als gewalttätig bezeichnet. Ja, alles, was ich über ihn gehört hatte, weckte das Bild eines friedliebenden, vergnügungssüchtigen Mannes. Vielleicht kindlich, vielleicht eigenwillig, sogar promiskuitiv. Aber nicht gewalttätig.

Das sagte ich auch Mrs. Wallace und fragte so sanft ich konnte, ob sie auch wirklich nicht ein wenig übertrieb.

»Ob ich übertreibe!« Offenbar hatte ich sie beleidigt. »Sie wissen ja nicht, was hier los war, meine Liebe.«

»Sagen Sie mir, inwiefern er gewalttätig war«, bat ich sie. »Was genau hat er getan?«

Sie lächelte bitter und legte ihr Küchenmesser beiseite.

»Was würden Sie sagen, wenn ich Ihnen erzähle, daß ich am zweiten Tag, als er da war, sah, wie er ganz fürchterlich auf Mr. Polikoff losging?«

»Und was hat er da getan?«

»Nun, er hat ihn entsetzlich unflätig beschimpft. Und dann hat er ihn ins Gesicht geschlagen. Nicht nur einmal – dreimal – und zwar kräftig! Ich habe alles gesehen. Ich war hier in der Küche, und sie waren draußen hinter dem Schuppen.«

»Worüber stritten sie sich denn?«

»Habe ich gesagt, daß sie sich stritten?«

»Aber sie müssen sich doch über etwas gestritten haben, wenn -«

»Hören Sie, Fräulein, ich sage Ihnen nur, was ich gesehen habe. Genau das. Von einem Streit weiß ich nichts. Ich kümmere mich um meine eigenen Angelegenheiten.«

Das war eine unerwartete Enthüllung. Und eine unwahrscheinliche Geschichte. Ich wußte einfach nicht, was ich davon halten sollte. Aber warum sollte die Frau lügen?

Mrs. Wallace machte sich auf die Suche nach ihrem Lieblingskochtopf. Ich hörte sie leise vor sich hin summen. Ich trank meinen Kaffee aus und stand auf, um die leere Tasse in das Spülbecken zu stellen.

»Die *Muffins* sind jetzt fertig!« rief sie aus der Speisekammer; sie hörte sich an wie eine schrullige alte Oma in einer Fernsehwerbung.

»Nein, danke«, sagte ich.

»Sie sind sehr gut, meine Liebe. Glauben Sie mir.«

»Davon bin ich überzeugt, Mrs. Wallace. Vielen Dank für den Kaffee.«

Ich ging in das noch immer dunkle Wohnzimmer, setzte mich auf einen der großen Lehnstühle und zog die Beine unter mich. Ich war wirklich nicht ganz ausgeschlafen. Bevor ich wußte, wie mir geschah, war ich eingenickt.

Ich wachte auf, als eine Tür zugeknallt wurde. Mrs. Wallace war hinausgegangen. Ich setzte mich auf. Die Sonne kämpfte sich durch die verblichenen Vorhänge, und der Raum war jetzt ziemlich hell. Es war fünf Minuten nach acht. Es war noch niemand anderer heruntergekommen, doch ich hörte, wie in einem der oberen Badezimmer eine Dusche aufgedreht wurde.

Das Telefon in dem Alkoven war einfach zu einladend; ich konnte nicht widerstehen. Ich setzte mich hin und hatte wirklich vor, Basillio in New York anzurufen. Doch statt dessen wählte ich die hiesige Nummer, die ich gestern bekommen und in meine Jeanstasche gesteckt hatte – Ford Donaldsons Privatnummer.

Nachdem es ein paarmal geläutet hatte, meldete sich eine schroffe Stimme. Sie klang nicht wie Donaldson, aber er war es. Ich nahm an, er gehörte zu jenen Menschen, die in der Früh schwer aufstehen und schwierige Zeitgenossen sind, bevor sie ihren Kaffee getrunken und sich rasiert haben.

»Hier ist Alice Nestleton«, sagte ich sanft. »Soll ich später anrufen?«

»Nein. Was kann ich für Sie tun, Alice?«

Ich wiederholte genau, was mir Mrs. Wallace über Will

Gryder und seinen Auftritt mit Ben Polikoff erzählt hatte.

Es entstand eine lange Pause. Ich glaubte, etwas rascheln zu hören. Stieg er jetzt aus dem Bett? Zog er sich, aufgeregt über meine Enthüllungen, seine Kleider an?

»Hallo? Sind Sie noch dran, Ford?«

»Ja«, sagte er geistesabwesend. »Ja, ich bin dran.« Dann wurde sein Tonfall überaus formell. »Das waren interessante Informationen, gute Arbeit. Vielen Dank.«

Eine weitere ausgedehnte Pause entstand. Als ich gerade zum Sprechen ansetzte, sagte er: »Wie ich sehe, nehmen Sie Ihre Rolle bei diesen Ermittlungen sehr ernst.« Und dann hörte ich wieder gedämpfte Geräusche und Bewegungen.

»Sie meinen, ich nehme sie etwas *zu* ernst«, sagte ich. Allmählich wurde ich wütend. »In Wirklichkeit glauben Sie nicht, daß das, was ich Ihnen erzählt habe, irgendeine Bedeutung hat.«

»Keineswegs. Es könnte sich als sehr wertvolle Information erweisen.«

»Und warum -« Und in diesem Augenblick hörte ich im Hintergrund ganz deutlich eine andere Stimme, eine Frauenstimme.

Ach, du liebe Zeit. Ford war mit jemandem im Bett. Und ich hatte sie bei ihren morgendlichen Zärtlichkeiten gestört. Ich konzentrierte mich gerade rechtzeitig wieder auf das Gespräch, um zu hören, wie er etwas über die verschiedenen Elemente dieses Falles sagte und daß ich keine voreiligen Schlüsse ziehen dürfe.

»Ich will damit nicht behaupten, daß es nicht einer von ihnen war, Alice. Aber ich möchte, daß Sie etwas bedenken.«

»Und was?« fragte ich.

»Erinnern Sie sich daran, wie Sie die Leiche von Will Gryder vorgefunden haben? Dieser Meißel steckte tief in seiner Brust. Man braucht viel Kraft in den Armen, um so etwas zu tun. Und man muß einen harten, brutalen Charakter haben – mit anderen Worten, Erfahrung mit Gewalt. Wäre Will *erschossen* worden, sähe die Sache anders aus. Es gehört nicht viel dazu, einen Abzug zu betätigen – ein bißchen Zorn, ein bißchen zuviel Alkohol, vielleicht sogar ein bißchen Neugier. Aber einen Meißel zu nehmen und ihn einem lebenden Mann in die Brust – in ein schlagendes Herz – zu stoßen, nun, können Sie sich wirklich vorstellen, daß eine Geigerin so etwas tut, Alice? Oder eine Meisterköchin?«

Ich fragte mich, ob er mit dieser grausigen Predigt mich oder die Dame am anderen Ende hatte beeindrucken wollen. Wenn das die Art Bettgeflüster war, die Lieutenant Donaldson schätzte, dann war er noch sonderbarer, als ich anfangs gedacht hatte.

»Nun, vielen Dank, Ford. Da habe ich wirklich was zum Nachdenken.«

»Wir hören uns wieder, Alice«, sagte er und legte sofort auf.

Ich ging noch einmal in die Küche und nahm mir eine weitere Tasse Kaffee. Ich hatte vollkommen vergessen, Basillio anzurufen. Und ich aß zwei *Muffins*.

10

Nach diesem merkwürdigen Telefongespräch mit Ford Donaldson verbrachte ich den Rest des Vormittags in einem traumähnlichen Zustand. Es war beinahe, als hätte ich beschlossen, zumindest eine kurze Zeit auf dem Land friedlich zu verbringen, selbst wenn ich sie mir stehlen mußte – selbst wenn ich so tun müßte, als passierten die schrecklichen Dinge, die im Umfeld des Quartetts vorgingen, gar nicht wirklich.

Ich beschäftigte mich ein paar unterhaltsame Minuten damit, Lulu, der Scottish-Fold-Katze, zuzusehen, die auf einem der breiten Fenstersimse im Wohnzimmer saß und die Vögel draußen beobachtete. Sie gab leise gutturale Laute von sich, als imitiere sie ihr Zwitschern. Ich glaube nicht, daß ihr auch nur im Entferntesten klar war, daß sie eigentlich ihr natürlicher Feind war, ein Raubtier.

Katzen zu beobachten, die etwas anderes beobachten, hat mir schon immer Spaß gemacht. Ich hege die etwas exzentrische Überzeugung, daß eine Katze, die etwas beobachtet, zum Beispiel einen Vogel auf einem Baum, auch sehen kann, was zu dieser Szene geführt hat. Anders ausgedrückt, die Katze sieht in diesem Augenblick nicht nur den Vogel auf dem Baum, sie kann auch sehen, wie der Vogel auf den Ast fliegt, auch wenn das in der Vergangenheit passiert ist.

Ich habe diese meine Theorie einmal einem Tierarzt dargelegt. Er lachte und riet mir, solche Ansichten für mich zu behalten, damit meine Freunde mich nicht in eine geschlossene Anstalt einweisen lassen. Nun, soll sich die Welt darüber lustig machen. Ich wußte, daß Lulu, wenn sie aus dem Fenster blickte, sowohl die Vergangenheit als auch die Gegenwart sah. Ja, ich weiß sogar mit Gewißheit, daß die Katzen deswegen so phantastische Jäger sind, weil sie vorhersagen können, in welche Richtung sich ihre Beute als nächstes bewegen wird, weil sie in die Vergangenheit sehen und feststellen können, aus welcher Richtung ihre Beute vorher gekommen ist. Von da an wird meine Theorie ein wenig kompliziert. Aber das spielte keine Rolle – Lulu schien ohnehin nicht ans Jagen zu denken.

Am späteren Vormittag spielte ich Publikum, während Darcy Beth am Klavier begleitete. Beth war bester Laune: sie trank Heineken aus der Flasche und schmetterte ein Potpourri von Bessie-Smith-Liedern.

»Man würde nicht glauben, daß eine Weiße aus Denver so singen kann, nicht wahr?« sagte Darcy über die Schulter zu mir. »Ich wette, Sie können auch singen, Alice.«

»O nein«, versicherte ich ihr. »Meine Stimme hört sich an wie ein Sack rostiger Nägel.«

Einmal kam Miranda herein und wünschte sich boshafterweise ihr Lieblingslied von Bessie Smith, dessen Text lautete: »Wenn ich die zweite Geige spielen muß, will ich überhaupt nicht spielen.«

Nach einer Stunde Gewichtheben auf dem Dachboden schaute Mathew Hazan herein. Er trank Perrier aus einer Literflasche und unterhielt die Gruppe mit ein paar Anekdoten über Zubin Mehta.

Dann, nach dem Mittagessen – Kaninchenragout, Endiviensalat und Limonentorte – kamen Roz und Ben aus dem Krankenhaus heim.

Wie zu erwarten, waren alle sehr glücklich, als die Polikoffs zur Tür hereinkamen. Abgesehen von ein paar blauen Flecken waren Roz und Ben unversehrt. Ben hatte zwei weiße Gazestreifen im Gesicht und einen auf der Hand. Ihre Freunde und Kollegen liefen zu ihnen, um sie daheim willkommen zu heißen; sie umarmten und küßten sie. Ich ging nicht zu ihnen hin.

Ich hatte das Gefühl, daß von den beiden eine spürbare Gefahr ausging, als würde jedes Auto, in dem sie irgendwann einmal saßen, den Zorn irgendeines anonymen Mörders auf sich ziehen. Meine Gefühle in bezug auf die beiden waren so negativ, daß ich Lulu vom Fenstersims hochhob und als eine Art magischen Schutz an mich drückte.

Als ich den Freundeskreis beobachtete, fiel mir auf, von welcher Leidenschaftlichkeit ihre Beziehungen untereinander geprägt waren. Jetzt gab es keine kleinen Streitereien mehr. Zum ersten Mal sah ich, wen ich wirklich vor mir hatte: vier gutaussehende, reife Frauen auf dem Gipfel ihres kreativen Lebens, die einander für ihre Auftritte brauchten, und zwei ihrer männlichen Partner, die die Frauen für ihr emotionelles und finanzielles Überleben brauchten. Ich sah, daß das Riverside Quartett im profanen Alltagsleben genauso harmonisch funktionierte wie in der Welt der Musik.

Ben Polikoff lächelte mich an. »Schön, Sie wiederzusehen, Alice. Ich bin so froh, daß Sie wohlauf sind.«

Ich setzte die Katze wieder auf ihren Platz und begann auf den Freundeskreis zuzugehen. Aber ich schaffte es nicht ganz; ich wich zurück. Ich fühlte mich noch immer sehr wie ein Eindringling, wie ein ungeladener Gast. Und da kam mir ein sehr bedrückender Gedanke: Konnte es sein, daß Will Gryder ermordet worden war, weil er in diesen intimen Kreis hatte eindringen wollen? Hatte er sich bei dieser abgeschotteten Gruppe von Menschen irgendeine Freiheit herausgenommen, die sich als tödlich erwies? Das war ein ernüchternder Gedanke. Ich nickte Ben freundlich zu und setzte mich neben Lulu.

»Ich schlage vor, wir veranstalten eine Feier!« rief Mathew Hazan fröhlich. »Wir feiern, weil wir wieder vereint sind. Und weil es nicht jeden Tag vorkommt, daß unsere erste Geigerin aus dem Krankenhaus heimkommt und besser aussieht, als bei der Einlieferung.«

Roz beugte sich zu Hazan und küßte ihn auf die Lippen.

»Schaffst du das auch, Liebling?« fragte Ben sie und legte seinen Arm um ihre schmale Taille.

»Pah, Ben. Natürlich. Amüsieren wir uns ein bißchen.«

»Gut!« sagte Miranda. »Können wir eine *schrecklich wilde* Party veranstalten, Math – wie in *Zärtlich ist die Nacht*?«

»Fast«, erwiderte Hazan. »Aber du weißt, wir sind noch immer in Massachusetts.«

Im Haus herrschte hektische Aktivität. Ben Polikoff wartete, bis Mat sein Telefongespräch mit dem Spirituosenladen beendet hatte und knöpfte ihn sich dann vor.

»Du solltest vielleicht einen etwas langsameren Gang einlegen, Mat. Das ist eine etwas kurzfristig angekündigte Party, nicht wahr?«

»Unsinn!« sagte Hazan unbeschwert. »Eine Party ist eine Party. Wir holen uns ein paar von den Leuten im Smith College. Und diesen Dichter – wie heißt er doch gleich –, der in der Stadt lebt. Miranda kennt ein paar Tänzerinnen in Lee, die wahrscheinlich bloß Däumchen drehen und liebend gern herkommen würden. Wer immer kommen will, soll kommen.«

In diesem Augenblick rauschte Darcy vorbei und spendete Hazans Worten Beifall.

»Wir werden Musik brauchen«, fuhr Hazan fort. »Was sollen wir tun, Darcy?«

»Alles, außer Rap!« rief Roz, die die Treppe herunterkam. »Ich will, daß auf dieser Fete viel getanzt wird.«

»Reggae«, sagte Beth, die mit einem frisch gebügelten weißen Hemd durch das Zimmer ging. »Auf jeden Fall Reggae.«

»Können wir auch wenigstens ein *paar* Balladen spielen?« fragte Ben, der allmählich der Feierstimmung erlag. »Coleman Hawkins, Ellington ... ihr wißt schon – ein bißchen romantische Musik.« Dann drehte er sich um, legte Mathew spielerisch die Hand auf den Kopf und sagte: »Du weißt doch, wie dich der bleiche Mond in Stimmung bringt.«

Ich blieb bei meiner Freundin Lulu am Fenster sitzen, abgesondert von den anderen, und nahm alles in mich auf. Es dauerte eine Weile, bis mir klar wurde, daß jemand mit mir sprach.

»Entschuldigung, Darcy. Was haben Sie gesagt?«

»Ich sagte, brauchen Sie etwas zum Anziehen? Ich habe tonnenweise Kleider mitgebracht.«

»Vielen Dank. Aber ich bezweifle, daß sie mir passen würden.«

Und plötzlich war der Raum leer.

Mit Ausnahme von mir und Lulu und der kleinen braunen Maus, die vorbeiflitzte.

Beth und Darcy waren schnell in die Stadt gefahren, um ein paar von den schicken Ladenbesitzern einzuladen, die sie kannten, und im Musikgeschäft Kassetten zu kaufen. Bei ihrer Rückkehr hatten sie Leute von einem Partyservice im Schlepptau, die mit ihren phantasielosen Speisen und ihren winzigen Portionen in Bälde Mrs. Wallace schockieren würden. Aber wenigstens hatte sie jetzt jemanden, den sie herumkommandieren konnte.

Ich hatte nichts zu tun, also machte ich mich aus dem Staub und zog mit Lulu ab.

Im Haus ging es weiterhin hektisch zu: Möbel wurden verrückt, Staubsauger traten in Aktion, man hörte Weingläser, Teller und Besteck klirren, manisch-fröhliche Telefongespräche, am Hintereingang läuteten Botenjungen, am Vordereingang Blumenhändler. Die ganze Energie wirkte fast krankhaft.

Und dann, um Viertel sechs, trafen die ersten Gäste ein: Zwillinge. Zwei junge Musikerinnen von der Musikschule im Smith College. Nach ihnen kam der alte Dichter, der in Covington lebte, ein gütig wirkender, weißhaariger alter Herr. Dann ein südamerikanischer Pianist und ein Professor für englische Literatur, von dem erst vor kurzem ein kontroverses Buch über Emily Dickinson herausgekommen war. Danach ein berühmter Genetiker mit Rasta-Zöpfen. Zwei Kerzenzieher – ein Ehepaar – und drei hagere *modern-art*-Tänzerinnen. Und so weiter.

Sie alle waren der kurzfristigen Einladung gefolgt. Lag es an dem Prestige, mit dem eine Einladung des Riverside Quartetts verbunden war? Oder an der traurigen Berühmtheit, die der Mord gewonnen hatte, über den in allen Lokalzeitungen berichtet worden war? Oder war es bloß eine Flucht aus der Eintönigkeit des Landlebens? Ich konnte es nicht sagen, aber sie waren alle da, und noch weitere kamen, und bald wimmelte es in dem majestätischen Gebäude vor Menschen, die aßen und tranken und, wenn sie nicht tanzten, angeregt diskutierten.

Die Party nahm ihren Lauf, und von Zeit zu Zeit kam das eine oder andere Mitglied des Riverside Quartetts zu mir und bezeichnete mich scherzhaft als Mauerblümchen. Ich reagierte stets mit einem Lächeln und behauptete, ich sei müde, doch die Bezeichnung traf in jener Nacht nur allzusehr zu. Ein- oder zweimal kreuzten sich meine Wege mit Mathew Hazan, doch er sprach überhaupt nicht mit mir. Ich fühlte mich allein und überflüssig und ungesellig. Dennoch wurde ich einmal von einem beharrlichen Bildhauer, der ein Stück weiter die Straße hinauf wohnte, auf das Tanzparkett geschleppt. Er tanzte mit mir neben Beth und dem jungen Mann, mit dem sie seit einiger Zeit tanzte, einem Performance-Künstler, der nebenbei als Vorführer im Kino von Northampton arbeitete. Als das Lied zu Ende war, fühlte ich mich ein wenig erhitzt, und ich fragte Beth, ob wir beide uns zu unseren Drinks am Fenstersims zurückziehen könnten, wo Lulu wartete.

Beth nahm einen kräftigen Schluck von ihrem Screwdriver. »Was meinen Sie, Alice? Er ist ganz schön scharf, nicht wahr?«

»Wie bitte?«

»*Er*, Alice. Der Mann, mit dem ich getanzt habe. Tolle Unterarme, finden Sie nicht?«

Statt ihr zu antworten, beschloß ich, selbst ein paar Fragen loszulassen. »Hören Sie, Beth, weil wir gerade von ... Unterarmen sprechen – hatten Sie ein Verhältnis mit Will Gryder?«

Meine Worte schienen sie zu befremden. Sie versteifte sich sichtlich. Doch dann wurde sie wieder lockerer und setzte ein strahlendes Lächeln auf. »Ach, Alice, Sie sollten doch nicht auf solche Gerüchte hören. Wer hat Ihnen denn das erzählt – Roz?«

Als ich schwieg, wurde ihr Lächeln noch strahlender. »Hören Sie, meine Liebe, glauben Sie niemals, was die erste Geigerin über die zweite Geigerin sagt.«

»Es war nicht Roz.«

»Nun, dann nehme ich an, daß Miranda geplappert hat. Verdammt, Cellistinnen sind noch verrückter als Geigerinnen. Sie leben für die Dramatik – besonders die da.« Beth wies mit einem Kopfnicken auf Miranda, die in einem perlenbestickten, hautengen schwarzen Jersey-Hosenanzug und Schuhen mit Bleistiftabsätzen auf der anderen Seite des Raumes stand und laut über die Worte eines lebhaften dänischen Philosophen lachte, der auf sie einredete.

»Wußten Sie, zum Beispiel«, redete Beth rasch weiter, »daß sich Miranda nie von der Erkenntnis erholt hat, daß sie kein Piatigorski ist?« Beth lachte schallend über ihre eigenen Worte. »Haben Sie ihn einmal auf der Bühne erlebt?«

»Nein.«

»Mein Gott! Das hätten Sie aber sollen. Er war ein hünenhafter Mann, der das Cello über den Kopf hielt, wenn er über die Bühne schritt, wie ein Krieger – wie ein Indianer beim Angriff. Miranda wollte das ihr ganzes Leben lang tun, aber sie hatte nie den Mumm dazu. Sie ist nur gut mit dem Mundwerk.« Dann schien sich Beth in ihren Gedanken zu verlieren.

»Verzeihen Sie, wenn ich Sie dränge, Beth, aber ich habe einen guten Grund für meine Frage: Haben Sie und Will Gryder einen der Schuppen am Bach als Liebesnest benutzt?«

Sie sah mich über den Rand ihres Glases an und antwortete dann langsam: »Ja. Und im Lauf der Jahre noch einige andere Örtlichkeiten. Zufrieden?«

»Nicht ganz. Ich würde Ihnen gern noch ein paar andere Fragen stellen.«

Sie lachte verblüfft. »Sie sind schon eine, Alice. Okay, schießen Sie los.«

»Haben Sie sich nach Ihrem Schäferstündchen mit ihm gestritten ... ein paar Tage, bevor er ermordet wurde?«

»An dem Tag hatten wir einen Riesenstreit, ja. Aber er war bald vergessen. Will und ich standen einander sehr, sehr nahe. Wir liebten uns, aber manchmal haßten wir uns auch. Und wir stritten uns wie Hund und Katz' über alles und nichts. So waren wir einfach. Der Zorn hielt nie an, weil ... nun, weil wir so sehr ein Teil des anderen waren. Oh, damit meine ich nicht den Sex. Der war okay, aber ehrlich gesagt war Will als Liebhaber nicht gerade berauschend. Ich habe sogar immer gedacht, daß er vielleicht insgeheim schwul war. Ich glaube, er betrachtete Sex mit Frauen als eine Möglichkeit, sich bemuttern zu lassen. Er war ein Mann, der es sehr nötig hatte, bemuttert zu werden. Er war so verletzlich und -«

Plötzlich verstummte Beth. »Nein, so etwas! Augenblick mal! Ach, Alice! Die liebe, überraschende kleine Alice! Sie glauben, ich habe ihn *umgebracht*, nicht wahr?«

Ich starrte sie weiter an.

»Ich *habe* ihn nicht umgebracht, Alice!« Sie hatte ziemlich laut gesprochen, und wir blickten uns beide um, um zu sehen, ob uns jemand gehört hatte. »Ich habe es nicht getan!« sagte sie leiser. »Wie hätte ich das tun können? Will war mein Freund. Er liebte mich. Er hat mir sogar Lulu geschenkt – als ganz kleines Kätzchen.«

Wieder wurde mir Will Gryder als sanfter Mensch beschrieben. Ich konterte ihr, indem ich ihr schilderte, wie er Benjamin Polikoff attackiert hatte, genau wie es mir Mrs. Wallace berichtet hatte. Das Glas in Beths Hand drohte umzukippen. Ich nahm es ihr weg und stellte es auf das Fenstersims. Die Geschichte hatte sie offenbar aus der Fassung gebracht. Sie erbleichte. Oder lag das am Alkohol?

»Hören Sie«, sagte sie im nächsten Augenblick. »Ich weiß nicht, warum Sie sich so für uns interessieren, aber wenn Sie schon herumschnüffeln wollen, sollten Sie wenigsten zusehen, daß Sie die Wahrheit erfahren. Mrs. Wallace muß übergeschnappt sein, wenn sie so etwas sagt. Diese Dinge, die sie über Will erzählt hat, sind einfach nicht wahr. Und es sollte ihr klar sein, wie furchtbar und unverantwortlich es ist, derartige Gerüchte zu verbreiten, nachdem jemand ... nachdem *Will* ... ermordet wurde.

Wenn Sie es unbedingt wissen wollen, zwischen Will und Ben gibt es ein altes Geheimnis. Bloß glaube ich, daß es eigentlich gar kein Geheimnis ist. Vor ein paar Jahren hatten Will und Roz ein Verhältnis. Ein ziemlich heftiges. Sie hat sogar für kurze Zeit Ben verlassen. Aber das ist alles längst vorbei. Sie ist zu ihrem Mann zurückgekehrt, und Will hat eine andere gefunden – viele andere. Und wir alle wurden wieder Freunde. So war es bei uns immer, Alice. Bei uns allen. Wir wissen, was wirklich zählt. Wir sind ... erwachsene Menschen.«

Beth war das zweite Mitglied des Ensembles, das mich an die Vorrechte des Erwachsenenlebens erinnerte. Ich wußte nicht, wessen Vortrag ich dümmer fand – ihren oder den von Mat Hazan.

»Sie glauben mir doch, nicht wahr, Alice?« sagte Beth leidenschaftlich. »Was ich über Willy ... und mich gesagt habe. Ich schwöre, daß keine von uns ihm jemals wehgetan hätte.« Beth drückte mir fest die Hand, und als ich – als Antwort – bloß die ihre drückte, ohne etwas zu sagen, nahm sie ihr Glas und ging.

Also hieß es jetzt *Roz* und Will. Nicht nur Ben und Will. Und nicht nur Beth und Will. Und nicht nur … was? Bei dem vielen Lärm fiel mir das Denken schwer. Ich sah, daß mir der junge Bildhauer zuwinkte. Und ging sofort in Deckung.

11

Die Party hätte schon aus sein oder zumindest in den letzten Zügen liegen müssen. Es war zehn Uhr vorbei. Doch es war frisches Blut in Form von drei Leuten gekommen – zwei Männern und einer Frau, um die alle schrecklich viel Aufhebens zu machen schienen. Ich war zu erschöpft, um mich zu erkundigen, wer sie waren.

Lulu war nirgends zu sehen. Ich hoffte, daß sie endlich hinter den Feldmäusen her war, wie das die Natur vorgesehen hatte.

Ich hielt es keine Minute länger auf dem Fensterplatz aus. Als die Gäste begeistert zur Tür stürzten, um das neu eingetroffene Trio zu begrüßen, sah ich die Gelegenheit gekommen, von der Party verschwinden und Tony anrufen zu können. Wenn ich mich nicht irrte, war das heute sein Abend bei meinen Katzen in der Wohnung.

Im ersten Stock gab es nur ein Telefon, und das stand auf einem niedrigen Tisch auf dem Korridor, direkt vor dem Zimmer der Polikoffs. Ich setzte mich im Schneidersitz auf den abgenutzten Teppich, stellte den Apparat auf den Schoß und rief meine eigene Nummer in New York an. Tony meldete sich nach dem dritten Läuten.

»Hallo, lange nicht gehört, es wird langsam Zeit«, sagte er.

»Ich habe mich wirklich lange nicht gemeldet, Tony. Tut mir leid. Ist bei euch alles in Ordnung?«

»Alles bestens. Abgesehen davon, daß du mich gerade bei der Probe für mein neues Stück störst. Bushy spielt den Stanley Kowalski. Ich bin die alternde Hauptdarstellerin. Und Pancho führt Regie – wenn ich ihn finden kann.«

»Fressen sie?«

»Bei jeder erdenklichen Gelegenheit.«

»Fehle ich ihnen?«

»Soll das ein Scherz sein? Am Tag nach deiner Abreise sind sie von einer schrecklichen Katzendepression befallen worden. Ich mußte den beiden Antidepressiva geben. Ehrlich gesagt, müssen wir sie alle drei nehmen.«

»Irgendwelche Anrufe?«

»Ja. Deine Agentin hat angerufen. Sie sagte, daß du dir wegen der Kritik über *Das Tier im Dschungel* keine Sorgen machen sollst, und daß jedermann weiß, daß der Kritiker verrückt ist.«

»Er ist zufällig ein ausgezeichneter Kritiker, Tony.«

»Okay, Schwedenmädel. Spiel die Märtyrerin. Nennen wir ihn nicht verrückt. Sagen wir einfach, er ist ein Mann, der jeden Dienstag und Donnerstag Federball spielt.«

»Was zum Teufel soll denn das heißen?«

»Eigentlich gar nichts. Ich mache nur Konversation. Es ist schön, dich zu hören, Schwedenmädel. Du fehlst mir, kein Scherz. Was tut sich da oben?«

»Nun, es ist kalt.«

»Lade mich ein. Ich wärme dich.«

Ich schwieg.

»Also, was gibt's da oben – ehrlich? Du hörst dich seltsam an.«

»Wirklich? Inwiefern?«

»Du weißt schon – du klingst so geistesabwesend.

Was gewöhnlich bedeutet, daß du auf der Jagd bist … He, Schwedenmädel, ist alles in Ordnung?«

»Mir geht es gut. Aber es hat hier wirklich Probleme gegeben.«

»Ach, Scheiße. Was denn?«

»Ich rufe dich morgen an, Tony. Ich habe jetzt keine Zeit, dir das alles zu erklären.«

Nachdem ich Basillio überzeugt hatte, daß es mir wirklich gutging, legte ich auf. Dann saß ich da und lauschte den fröhlichen Stimmen im Erdgeschoß. Die Party war noch immer in vollem Gang. Und ich war noch immer allein im ersten Stock.

Ganz allein. Eine Tatsache, die mich plötzlich faszinierte. Am Ende des Ganges, ein paar Stufen höher, war das Schlafzimmer, das Will Gryder gehört hatte. Mir wurde bewußt, daß ich hineingehen und mich umsehen konnte, und kein Mensch würde es je erfahren. Und wonach sollte ich suchen? Ich hatte keine Ahnung. Aber es mußte getan werden. Daran bestand kein Zweifel. Es war nicht einmal verboten – nur ein kleinwenig unstatthaft.

Leise stieg ich die beiden Stufen hinauf und trat in das Zimmer, ein Mansardenzimmer mit extrem schräger Decke. Für einen großen Menschen wie mich stellten die bloßliegenden Balken eine potentielle Gefahr dar; ich konnte mir eine schwere Gehirnerschütterung zuziehen. Ich bückte mich ein wenig, um dieser Gefahr zu entgehen. Mir kam der Gedanke, daß sich die Nähe oder Distanz, die jemand zum Riverside Quartett hatte, in der Lage des Schlafzimmers auf dem Gang widerspiegelte. Will war gelegentlich als Gast und musikalischer Begleiter aufgetreten, und daher hatte er dieses ruhige kleine Zimmer bekommen. Wenn er nicht darin gewohnt hätte, als ich angekommen war, hätten sie es wahrscheinlich mir gegeben.

Ich schloß die knarrende Tür, damit man von außen nicht sah, daß ich im Zimmer war, und tastete mich durch die Dunkelheit, bis ich die alte Wandleuchte fand, die ich vorher erspäht hatte. Als ich sie einschaltete, tauchte sie den Raum – in dem das Chaos herrschte – in ein unheimliches Licht.

Das Chaos war verständlich: Laut Ford Donaldson hatte irgend jemand das Zimmer durchwühlt, und dann hatte es die Polizei noch einmal durchsucht. In der Ecke stand eine riesige Kommode. Alle sechs Laden standen offen, und Kleidungsstücke hingen heraus. Andere Kleider waren auf dem Bett und dem Fußboden verstreut. Auf einem völlig unpassenden modernen Kleiderständer hing ein adretter Anzug und wartete auf seinen Besitzer, der ihn natürlich nie wieder tragen würde. Es gab auch andere Dinge, die offenbar noch genauso da lagen, wie sie Will an dem Abend, als er zum letzten Mal aus diesem Zimmer gegangen war, hinterlassen hatte: auf dem Kopfende des Bettes lag ein aufgeschraubter Füllfederhalter, auf dem kleinen, grob gezimmerten Nachttisch waren drei Bücher aufgestapelt, und auf dem Kopfkissen lagen einige Notenblätter.

Ich sah die Bücher durch. Eines davon war gar kein Buch, sondern ein Exemplar der *Massachusetts Review*, einer Literaturzeitschrift. Die Ausgabe war ein paar Jahre alt, und merkwürdigerweise fand sich in der Autorenliste auf der Rückseite der Name Will Gryder. Ich schlug seinen Beitrag auf und überflog ihn in zehn Minuten. Es war eine recht gute, gekonnt geschriebene Kurzgeschichte, eine jener Erzählungen über einen unverstandenen Teenager, in deren Mittelpunkt der Vater stand. Das war wieder eine neue Seite des Opfers, von der ich nichts gewußt hatte: Er hatte literarische Ambitionen gehabt.

Die Notenblätter sah ich mir nur kurz an; alle Stücke waren von Chopin – zwei Sonaten und eine Mazurka. Ich schaute sie mir nicht genauer an, weil ich keine Noten lesen kann.

Dann durchsuchte ich alle Schubfächer. Will hatte mehr Unterwäsche auf seinen Urlaub mitgenommen als die meisten Männer besitzen. Danach nahm ich mir den alten Kleiderschrank vor, einen knorrigen Kiefernholzschrank mit unzähligen Splittern, die nur darauf warteten, einen nichtsahnenden Fremden zu piksen. Er enthielt einen teuren maßgeschneiderten Anzug aus London, ein Sportjackett, drei Hemden und eine Windjacke. Ich durchsuchte alle Taschen. Leer.

Auf dem Boden des Kleiderschranks standen drei Paar Schuhe. Ich versuchte mich zu erinnern, welche Schuhe er angehabt hatte, als wir seine Leiche gefunden hatten, aber ich wußte es nicht mehr. Hier waren alte Turnschuhe, ein Paar knöchelhohe, rauhlederne Stiefel und schließlich ein Paar elegante schwarze Lederschuhe. Als ich in die schwarzen Schuhe griff, durchflutete mich eine Welle der Erregung. Drinnen steckte Papier. Ein Versteck für etwas Wichtiges? Irgend etwas, das dem Unbekannten, der das Zimmer durchsucht hatte, und der Polizei entgangen war? Ich zog das zusammengeknüllte Zeitungspapier heraus und kam mir überaus dumm vor. Will Gryder hatte bloß seine Schuhe mit Zeitungspapier ausgestopft, damit sie in Form blieben – wie es vielen wohlerzogenen Kindern beigebracht wird. Angewidert schob ich die Schuhe wieder zurück und schloß die Tür des Kleiderschranks. Zumindest hatte ich mir keinen Splitter eingezogen.

Am Ende des Zimmers war ein kleines Bad, ohne Tür. Von meinem Platz aus konnte ich ein altmodisches Waschbecken sehen, auf dem ein ledernes Toilettäschchen mit geschlossenem Reißverschluß lag. Ich ging hin und durchstöberte die vollkommen unpersönlichen Gegenstände darin: Zahnbürste, Wegwerfrasierer, Nagelclip, Kondom.

Dann ging ich langsam zurück zu dem kleinen Bett, setzte mich nieder und schaute mich um. Als ich auf die Notenblätter auf Will Gryders Kopfkissen blickte, wurde mir zum ersten Mal in vollem Umfang sein Tod bewußt – der Tod eines Mannes, den ich niemals kennengelernt hatte. Ich spürte mit voller Wucht, wie unsagbar traurig das alles war. Und aus irgendeinem Grund fiel mir ein, was mir einer meiner Schauspiellehrer einmal gesagt hatte. Er war ein ausgezeichneter Lehrer gewesen, der mich vom *Method-Acting* wegbrachte, aber er neigte zu düsteren philosophischen Erklärungen und litt an periodisch auftretenden lähmenden Depressionen. Er hatte mir einmal gesagt, daß er immer wieder an einen Spruch von Camus denken mußte. Einfach ausgedrückt: Mögen die Menschen eine auch noch so perfekte Gesellschaft entwickeln, es wird immer Straßenbahnunfälle geben, bei denen kleine Kinder ums Leben kommen.

Daran dachte ich, während ich in diesem leblosen, dachbodenähnlichen Raum saß, und an das kleine, dunkle Fenster, das fast an die Decke stieß, ein steter kalter Regen prasselte. Ich hatte in dem Zimmer nichts gefunden. Ich war hier eingedrungen und hatte nichts gefunden. Das war ein sehr schlechtes Zeichen.

12

Frühstück um elf! Das klingt ziemlich dekadent für einen Wochentag. Doch es war der Morgen nach jener spontanen Party, und niemand außer Mrs. Wallace war vor zehn aufgestanden.

Mat Hazan hatte einen Morgenlauf unternommen, und der angeschlagene Benjamin Polikoff entspannte seine müden Glieder noch immer in der Badewanne. Am Tisch saß eine reine Frauenrunde, und wir müssen ausgesehen haben wie ein Gruppenbild von einer Tagesstätte für pensionierte Chorsängerinnen.

Das Frühstück war üppig und wohltuend: warme Getreideflocken mit dicker Sahne, Himbeeren, frischgebackene Brötchen, frischgepreßter Orangensaft mit viel Fruchtfleisch, gebratene Eier mit Käse und Tomaten, würzige Landwürstchen.

Die Damen hatten alle einen Kater und waren müde von der Party, doch sie schienen sich erstmals von dem Schock erholt zu haben, den sie durch den gewaltsamen Tod ihres Freundes erlitten hatten. Sie hatten getrauert und würden es auch weiterhin tun. Doch die Party hatte ihnen irgendwie eine neue Richtung gewiesen – die Zukunft.

Natürlich wußten sie nicht, daß beinahe noch ein Mord passiert war, im Mercedes. Vielleicht hätte dieses Wissen ihre Trauer ein wenig verlängert. Andererseits *mußte* eine von ihnen von dem inszenierten Autounfall wissen, weil sie dafür verantwortlich war.

Beim Frühstück beobachtete ich sie genau. Ich hörte ihrem Geplänkel am Tisch aufmerksam zu; sie unterhielten sich über Vorfälle während der Party und zogen einander auf, wie das nüchterne Erwachsene nach einer ungewöhnlich feuchtfröhlichen Nacht gern tun. Es war schwer vorstellbar, daß eine von diesen Frauen Will Gryder einen Meißel in die Brust gestoßen hatte. Noch unglaublicher war, daß diejenige liebend gern mit einem Schlag drei von uns umgebracht hätte, selbst wenn nur einer der drei Insassen des Autos für sie eine Gefahr darstellte.

Das Motiv? Wie es schien, hatten einige von ihnen irgendeinen trivialen Grund, den verstorbenen Pianisten nicht zu mögen oder auf ihn böse zu sein. Doch ein belangloses Motiv führt gewöhnlich nicht zu einem Stich ins Herz. Bei dem Gedanken an »Motive« verzog ich das Gesicht. Mein Freund Detective Rothwax hat mir immer gesagt, daß Motive bedeutungslos sind, daß Motive lächerlich sind, daß gute Kriminalbeamte den Begriff »Motiv« vollkommen ignorieren. Sie wollen wissen, wie, wann und von wem der Mord begangen wurde. Sie interessieren sich für jedes noch so kleine Beweisstück am Tatort, aber das Motiv ist ihnen egal. Es ist ein Luxus, den sie sich nicht leisten können.

Rothwax hatte immer ein Dutzend Geschichten parat, um seinen Standpunkt zu illustrieren. Besonders gerne erzählte er die Geschichte von dem Soziopathen, der nach acht Jahren aus dem Gefängnis entlassen wurde. Er geht in eine Kneipe und betrinkt sich. Schließlich wirft ihn der Barkeeper hinaus. Auf der Straße folgt er einem Mann, von dem er sich beleidigt fühlt. Er nimmt eine schwere Holzlatte und schlägt ihm damit den Schädel ein. Der Mann ist auf der Stelle tot. Als der Täter von der Leiche weggehen will, kommt ihm der Gedanke, daß er dem Toten genausogut alle Wertsachen abnehmen kann, also leert er die Taschen des armen Opfers. Am nächsten Tag steht in den Zeitungsberichten über den Mord, der Mann sei bei einem Raubüberfall getötet worden. So einfach war das.

Doch Rothwax' Welt war nicht die meine. Ich sammelte Motive. Ich brauchte Motive – große und kleine.

Ich erwachte gerade rechtzeitig aus meinen düsteren Gedanken über die Komplexität von Motiven, um zu hören, wie Darcy ihre Kolleginnen in gespieltem Ernst schalt: »Ladys, wir haben uns gestern abend alle sehr schlecht benommen.«

»Was immer du damit meinst, liebe Darcy, ich bin sicher, wir sind schuldig im Sinne der Anklage«, antwortete Roz fröhlich.

»Ich meine, *sehr* schlecht«, wiederholte Darcy.

»Übertreib es mal nicht«, meinte Beth. »Ich bezweifle, daß wir etwas so Schlimmes getan haben.«

Den Mund voller Himbeeren, sagte Darcy: »O ja, und ob! Wir haben nicht ein einziges Mal auf Tante Sarah getrunken!«

Die Frauen am Tisch stöhnten auf. Ich verstand kein Wort, und das sah man mir wohl an.

»Wir sind etwas unhöflich, Leute«, ermahnte Beth die anderen. »Alice hat keine Ahnung, wovon wir reden.« Dann beugte sie sich zu mir herüber und erklärte: »Tante Sarah war die Tante von Roz. Sie war diejenige, die uns das Startkapital gab, das wir am Beginn unserer Karriere brauchten – fünfzehntausend Dollar. Damit haben wir Kleider gekauft, Säle gemietet, Anzeigen bezahlt, alles. Sie hat unsere erste Tournee finanziert, übrigens in Neuengland, also ist sie in gewisser Weise unsere Schutzpatronin.«

Miranda hob ihren Kaffeebecher hoch und sagte: »Auf Sarah, die für uns da war, als wir sie am meisten brauchten.« Alle tranken auf Tante Sarah.

»Ist Tante Sarah schon gestorben?« fragte ich.

»Ja«, sagte Roz, »vor ein paar Jahren. Und wir würdigen sie nicht mehr so wie früher. Es ist eine Schande.«

Dann kamen Ben und Mat an den Tisch. Nicht, daß sie an der darauffolgenden Meinungsverschiedenheit schuld waren, doch bald, nachdem sie sich zu uns gesetzt hatten, machte sich ein aggressiver Tonfall breit. Einige Mitglieder des Ensembles wollten unter den gegebenen Umständen das »Refugium« verlassen und nach New York zurückfahren. Eine Weile hörte ich ihren Streitereien zu; sie schienen zu keinem Ergebnis zu führen. Ich fühlte mich äußerst unwohl in meiner Haut. Also stand ich vom Tisch auf, nahm den dicken Mantel, den ich mir sozusagen angeeignet hatte, und ging hinaus.

Ich ging zu meinem Mietwagen, stieg ein und ließ den Motor ein paar Minuten laufen. Ich hatte eigentlich allein nach Northampton fahren wollen, überlegte es mir dann aber anders und beschloß, zu den Schuppen hinüberzuspazieren und meinen schaukelnden Freund, das Kamel, zu besuchen. Um Wills Studio machte ich diesmal einen sehr großen Bogen; ich hatte Angst, ich würde wieder diese Musik hören. Ich war nicht in Stimmung für okkulte Erlebnisse.

Mein Freund stand noch immer auf den Kartons. Melancholisch wie eh und je. Ich griff hinauf und schaukelte ihn. »Schön, dich wiederzusehen, du mörderisches Dromedar«, flüsterte ich. Und es war wirklich schön, das Kamel zu sehen. Es war etwas Konkretes – ein sichtbarer, greifbarer Beweis für den Mordversuch. Nun, vielleicht für niemanden außer mir. Doch zumindest wies es darauf hin, daß es hier irgendwo einen Verrückten gab, der es lustig fand, fahrende Autos zu demolieren.

Für eine längere Tändelei mit dem Stofftier war es ein wenig zu kalt in dem Schuppen. Ich stoppte das Schaukeln und wollte gehen. Offenbar konnte ich jederzeit wiederkommen und das Kamel besuchen – es lief nicht weg. Und das kam mir auf einmal sehr merkwürdig vor. Wenn das Kamel bei einem Mordversuch eingesetzt worden war, warum hatte es der Attentäter in diesen Schuppen gestellt, wo es jeder finden konnte? Sicher, die Schuppentür war stets geschlossen, aber jedermann konnte leicht hinein. Die hiesige Jugend tat es ständig, wie Lieutenant Donaldson erklärt hatte.

Hätte *ich* mit Hilfe des Kamels einen fast tödlichen Autounfall verursacht, hätte ich es höchstwahrscheinlich versteckt – vergraben, verbrannt, einem Waisenhaus geschenkt, was immer. Außer natürlich Ford Donaldson hatte recht, und ich bildete mir nur ein, daß der Unfall mit Hilfe des Spielzeugkamels verursacht worden war. Aber ungeachtet aller seiner logischen Einwände wußte ich, daß Ford *nicht* recht hatte, daß sehr wohl jemand versucht hatte, die Insassen dieses Mercedes' umzubringen – inklusive meiner Wenigkeit, selbst wenn ich erst später hinzugekommen war und es mich nur rein zufällig erwischt hatte.

Warum hatte er dann das verdammte Stofftier hiergelassen, mehr oder weniger vor aller Augen? Vielleicht war der Mann – oder die Frau – einfach dumm. Viele Mörder sind dumm. Das ist gewiß der Grund, warum sie gefaßt werden.

War der Herr und Gebieter des Kamels bloß sorglos, schlampig?

Oder war vielleicht das Gegenteil der Fall? Vielleicht war dieser Mensch nicht dumm, sondern klug, nicht sorglos, sondern überaus umsichtig. Vielleicht hatte er das Kamel absichtlich hierhergestellt, vielleicht steckte Methode dahinter, wie bei der List im »entwendeten Brief«. Die alte Weisheit aus der Geschichte von Poe schien zeitlose Geltung zu besitzen: Das beste Versteck ist direkt vor aller Augen.

Ich dachte daran, wie oft Will Gryders Zimmer vergeblich durchsucht worden war: vom Mörder, von der Polizei und von mir. Und wenn Will tatsächlich etwas in seinem Zimmer gehabt hatte, das er verstecken wollte? Wenn er gewußt hatte, daß das Zimmer vielleicht durchsucht werden würde und daher – genau wie der potentielle Mörder, der das Spielzeugkamel »versteckt« hatte – vorging wie im »entwendeten Brief«?

Wenn das zutraf, dann wußte ich bereits genau, was in diesem Fall der entwendete Brief war: drei Hefte mit Notenblättern, alle von Chopin. Zwei Sonaten, die sehr abschreckend aussahen, und eine »Mazurka«, was immer das war, lagen ganz offen und für jedermann sichtbar auf Will Gryders Kissen.

Als ich ins Haus trat, stritten sie sich noch immer. Entweder bemerkten sie nicht, daß ich zurückgekommen war, oder es war ihnen egal. Vielleicht war ihnen auch gar nicht aufgefallen, daß ich weggewesen war. Ich ging rasch, ohne den Mantel auszuziehen, hinauf in den ersten Stock. Als ich auf dem oberen Treppenabsatz ankam, schlich ich auf Zehenspitzen die Wand entlang, bis ich in Wills Zimmer war.

Die Noten lagen noch immer an derselben Stelle wie beim letzten Mal.

Im ersten Heft steckte zwischen den vor-vorletzten Blättern ein kleiner, hauchdünner Umschlag, wie man ihn manchmal auf Postämtern bekommt, wenn man

Briefmarken kauft. Er war nicht mal zugeklebt. In der Mitte des zweiten Heftes steckte ebenfalls ein solcher Umschlag. Das dritte Heft enthielt ein paar Blätter Luftpostpapier, nicht mal in einem Kuvert, sondern bloß zwischen die Notenblätter gesteckt. Mein Herz hämmerte wie verrückt. Ich hatte den »entwendeten Brief« entdeckt.

Ich ließ alles, was ich gefunden hatte, in meinem Ärmel verschwinden, ging zurück in mein Zimmer und schloß die Tür hinter mir. Ich setzte mich auf mein schmales Bett und öffnete mit nur leicht zitternden Händen den ersten Umschlag.

Im ersten Umschlag steckten Fotos von jedem Mitglied des Riverside Streichquartetts, alle aus einer Zeit, da die Frauen noch viel jünger gewesen waren. Aufgrund ihrer Kleidung und ihrer Frisuren konnte man mit ziemlicher Sicherheit davon ausgehen, daß die Aufnahmen aus den frühen siebziger oder vielleicht sogar aus den späten sechziger Jahren stammten.

Der zweite Umschlag enthielt eine Computer-Diskette. Sonst nichts.

Die beiden gefalteten Papierblätter aus dem letzten Notenheft wiesen schwere Wasserschäden auf. Für mich sahen sie aus wie eine Art genealogische Aufzeichnungen oder Stammbäume – wie man sie für Vollblut-Rennpferde aufstellt und auf denen die Vater- und Muttertiere etliche Generationen zurückverfolgt werden. Doch beinahe alle Namen auf dem Papier waren verblichen, verwaschen, und das einzige, was man noch sehen konnte, waren die Linien, die anscheinend – wie die Zweige eines Baumes – eine Generation mit der nächsten verbanden.

Oben waren auf jedem Blatt ein paar Buchstaben erkennbar – erkennbar, aber rätselhaft. Auf dem ersten Blatt stand in Großbuchstaben das Wort SUZY. Auf dem zweiten stand BRIT.

Das alles war für mich total unverständlich. Ich war wütend und enttäuscht und schob das ganze Häufchen beiseite, fast auf den Boden. Doch dann sammelte ich, peinlich berührt über meine Gereiztheit, die Sachen wieder ein und ordnete sie so, wie ich sie gefunden hatte. Und legte sie *unter* mein Kissen. Will Gryder hatte alles *auf* sein Kissen gelegt, doch er hatte auch genau gewußt, was diese rätselhaften Unterlagen zu bedeuten hatten. Und er war tot.

13

»Warum so traurig?« fragte mich Beth.

Alle anderen, die sich zum Abendessen an den Tisch gesetzt hatten, schauten mich an; in ihren Mienen spiegelte sich geheuchelte Sorge.

»Es ist nichts«, sagte ich und lächelte matt. Doch ich war wirklich traurig und müde und beunruhigt. Wie hätte ich es nicht sein sollen? Ich hatte die letzten paar Stunden damit zugebracht, die Sachen, die ich in Wills Zimmer gefunden hatte, immer wieder durchzusehen, und zu verstehen versucht, was sie bedeuteten, entweder jede für sich oder alle zusammen.

»Ihr fehlt die Großstadt«, sagte Darcy. »Manche von uns sind halt Mädels vom Lande, andere nicht.«

Darüber mußte ich doch ein wenig lachen. Ich hatte nicht vor, ihr zu sagen, daß ich auf einer Farm aufgewachsen war.

»Nun«, meinte Mathew Hazan, »vielleicht fehlen ihr

die Lichter der Großstadt, aber eine bessere Küche fände sie in ganz Manhattan nicht.« Er schien mir meine Neugier und meine Verdächtigungen verziehen zu haben. Mat reichte mir das Kännchen mit Mrs. Wallaces Spezialdressing mit Blauschimmelkäse. Was das Essen anlangte, hatte er recht: Es war das beste Salatdressing, das ich je gegessen hatte.

Die Köchin servierte an diesem Abend amerikanische Spezialitäten, eine Hommage an die einfache, aber gute Küche des Landesinneren, in der Mais eine große Rolle spielt. Der Salat war phantastisch. Danach kam ein riesiges, mageres Bruststück, hauchdünn geschnitten und mit kleinen Knoblauchkartoffeln und glasierten Karotten garniert.

Als Mrs. Wallace nach der Hauptspeise die Teller abtrug, hatte draußen der Wind zu heulen begonnen. Irgend jemand hatte eine alte Schallplatte des Riverside Streichquartetts aufgelegt – Beethoven, Opus 59, Nr. 3 –, die vor ein paar Jahren in Deutschland aufgenommen worden war. Ich stand auf und drehte ein klein wenig lauter, ein Vorwand, um mir die abgegriffene Plattenhülle anzuschauen, auf der ein Foto der Frauen im Aufnahmestudio zu sehen war. Ja, sie wirkten alle jung und frisch, doch dieses Foto stammte nicht aus derselben Zeit wie die Schnappschüsse, die ich in Wills Zimmer gefunden hatte.

Die Köchin kehrte mit einem Tablett zurück und stellte vor jeden von uns ein Schüsselchen mit Pflaumenkompott. Pflaumenkompott – das war wirklich Omas Küche! Das Mahl war so einfach und köstlich gewesen, daß ich mich fragte, ob die schwierige Mrs. Wallace nicht vielleicht in Wirklichkeit eine berühmte Gourmetköchin war, die während ihres Urlaubs diesen Nebenjob angenommen hatte, um genug Geld für ihre täglichen Sitzungen beim Psychiater zusammenzubekommen.

Der einzige irgendwie nennenswerte Vorfall bestand darin, daß Roz, als wir uns alle dem Zitronenkuchen mit Baiserhaube und dem Kaffee zuwandten, ihren Löffel fallen ließ. Ben war so hektisch bemüht, ihn aufzuheben, daß Roz – offenbar peinlich berührt – zu uns anderen sagte: »Er versteht es wirklich, mir das Gefühl zu geben, ein Baby im Kinderstuhl zu sein.«

Beth lachte böse. »Aber ich dachte immer, das hättest du gern.«

Roz' unglaublich blaue Augen blitzten. Und einen Augenblick lang schien es, als hätte sie wirklich die Macht, den Zorn der Götter über Beths Haupt herabzubeschwören.

»Gute Arbeit, Beeswax«, flüsterte Miranda.

Und da sah ich, daß Beth ihre Bemerkung wirklich bereute. In ihren Augen standen Tränen. Sie sprang auf und rannte richtiggehend zu Roz hin. »Entschuldige, Liebes. Bitte, verzeih mir.« Und sie küßte Roz' Scheitel.

Roz schluckte hart. »Ist schon gut, Beeswax. Setz dich wieder hin ... Du auch, Ben ... bitte!« Er hatte neben ihr gestanden und wie ein Idiot den Löffel in der Hand baumeln lassen.

Während ich das Dessert aß, beobachtete ich heimlich die Frauen und verglich sie im Geist mit den alten Fotos. Hatte jede von ihnen Will persönlich ein Foto von sich gegeben? Und warum? Wieso hatte er sie – wie ein kleiner Junge seine Sammelbilder von Baseballspielern – zusammen aufgehoben?

Lange Zeit sprach niemand. Wir saßen da und lauschten der Musik. Diese Frauen hatten eine geradezu unheimliche Fähigkeit, plötzlich die ganze Welt auszusperren – ganz zu schweigen von ihrer Fähigkeit, einem nicht musikalischen Gast das Gefühl zu geben, er sei das fünfte Rad am Wagen. Die Schallplatte war zu Ende. Mrs. Wallace brachte noch eine Kanne Kaffee herein und stellte eine Flasche Grand Marnier auf den Tisch. Die meisten Frauen betrachteten sie mit Abscheu – sie hatten am Vorabend zuviel getrunken. Nur Mat und Miranda nahmen sich ein Glas.

»Mrs. Wallace«, rief Darcy, bevor die Köchin aus dem Zimmer ging, »waren das frische Pflaumen, die Sie für das Kompott verwendet haben?«

»Natürlich.«

»Aber wo haben Sie die um diese Jahreszeit bekommen?«

»Darcy, man kann alles frisch bekommen, wenn man weiß, wo man einkaufen muß«, lästerte Roz. »Jetzt glaube ich Mat, wenn er sagt, daß deine Speisen nach alten Schweißbändern schmecken.«

Darcy überging diese Bemerkung und wandte sich an Beth. »Würde deine Katze Pflaumen essen?«

»Lulu? Das bezweifle ich. Aber sie würde vielleicht damit spielen.«

Miranda sagte gereizt: »Das wäre aber auch schon alles, wozu sie fähig wäre. Sie fürchtet sich anscheinend vor Mäusen.«

Alle lachten.

Dann fügte Ben hinzu: »Inzwischen sind schon so viele Mäuse in diesem Haus, daß sie ihr eigenes Orchester gegründet haben.«

Mat stimmte in die humorvolle Atmosphäre ein: »*Und* ein Ballett«, sagte er. »Gestern nacht habe ich gesehen, wie das gesamte Ballettkorps *Schwanensee* aufgeführt hat.«

Beth griff über den Tisch und tätschelte Hazans Hand. »Nur Geduld. Lulu wird bald zu jagen beginnen, glaub mir. Sie braucht etwas Zeit, sich zu akklimatisieren.«

»Das ist doch Unsinn, Beth«, sagte Miranda sachlich durch die Rauchschwaden ihrer Zigarette. »Deine Katze ist vielleicht schön, aber sehen wir doch den Tatsachen ins Auge: Sie ist eine verwöhnte kleine Hauskatze.« Dann lehnte sie sich zurück und sagte in einem Tonfall, als verkünde sie der Welt ihre neue Evolutionstheorie, in die Runde: »Außerdem sind die Katzen dieser Rasse einfach keine guten Mäusefänger.«

Ihr Benehmen ärgerte mich maßlos. Also gab ich auch meinen Senf dazu. »Ich glaube, die Scottish-Fold-Katzen gehören zu den besten Mäusefängern unter den Rassekatzen – das heißt, normalerweise. Schließlich sind sie im Grunde Bauernhofkatzen. Ihre Vorfahren, aus denen letztendlich die Scottish-Fold-Katzen hervorgegangen sind, haben sich jahrhundertelang auf Bauernhöfen selbst versorgt. Also ist das doch logisch.«

Miranda explodierte vor Zorn – sie war so wütend, daß ich instinktiv eine Hand vors Gesicht hielt, als wolle ich einen Schlag abwehren. »Wer sind Sie, der Katzenpapst?« schrie sie. »Für wen halten Sie sich eigentlich, daß Sie uns belehren? Sie lächerliche, dumme Schnüfflerin! Roz und ich haben schon in den exklusivsten Katzenläden von Manhattan gearbeitet, da waren Sie noch – Ach, warum steigen Sie nicht einfach in Ihr billiges kleines Auto und fahren nach Hause!«

Keiner sagte ein Wort. Beth brachte es nicht über sich, mich anzusehen, obwohl sie es versuchte. Miranda, die kreidebleich geworden war, schien an ihrem Stuhl festzukleben, die Kaffeetasse in ihrer Hand war in Zeit und Raum erstarrt.

Als ich fähig war, aufzustehen, entschuldigte ich mich und ging grimmig nach oben. Ich trat in mein kleines Zimmer, schloß die Tür und ließ mich schwer auf das Bett fallen. Es war lange her, seit ich mich das letzte Mal so gedemütigt gefühlt hatte. Und ich verspürte eine Angst, die ich nicht in Worte fassen konnte.

Aber Miranda hatte eine gute Frage gestellt. Warum *stieg* ich nicht einfach in mein Mietauto und fuhr weg von hier? Das war kein Urlaub, kein Aufenthalt in ländlicher Umgebung, bei dem sich meine wunde Seele von einer schlechten Kritik erholen konnte. Warum versuchte ich mich bei einem Mordfall als Hobbydetektivin, wenn meine Hilfe gar nicht erwünscht war – weder von den Freunden des Opfers noch von der Polizei? Warum war ich noch immer wütend über einen Autounfall, bei dem niemand ernsthaft verletzt worden war? Ich hielt ihn zwar für einen Mordversuch, doch die Profis waren der Meinung, es sei ein echter Unfall gewesen, bei dem das Auto wegen eines Farmhundes ins Schleudern gekommen war. Und selbst wenn es ein Mordversuch gewesen war, dann war doch gewiß Roz oder Ben das Opfer gewesen, auf das er abgezielt hatte. Mit mir konnte er nichts zu tun haben – ich war hier eine Fremde. Aber aus irgendeinem verrückten Grund schien ich mich selbst für die persönliche Ein-Frau-Sicherheitswache des Riverside Streichquartetts zu halten. Wann und wo war mir diese Verantwortung übertragen worden?

Und warum lehnten mich diese Leute dermaßen ab? Lag es daran, daß sie wußten, daß ich Nachforschungen über den Mord anstellte? Das mußte es sein. Im allgemeinen mögen mich die Menschen. Besonders Frauen in meinem Alter. Besonders andere Theaterleute – und Musiker sind, ob es ihnen nun paßt oder nicht, ebenfalls Theaterleute, die genauso auf der Bühne auftreten wie Schauspieler.

Was war mit dieser verrückten Miranda los? Was hatte ich gesagt, um mir ihren Zorn zuzuziehen? Nichts. Ich hatte ein paar banale Bemerkungen über eine Katzenrasse gemacht.

Ich drehte mich zur Wand – eindeutig eine kindische Reaktion, fast archaisch. In diesem Haus wurde ich wieder zum Kind. Das lag an dieser hilflosen, schmerzlichen Einsamkeit.

Da hörte ich vor der Tür ein Geräusch. Ich versteifte mich. In diesem Haus wurde ich auch noch zum nervlichen Wrack. Spionierte mir jetzt jemand nach? Oder vielleicht war es Beth, die zu beschämt war, um anzuklopfen.

Es war nur Lulu. Zärtlich blickte sie zu mir auf.

»Komm rein, Kätzchen«, sagte ich. »Die Gesellschaft da unten ist nicht sehr angenehm, was? Kein Wunder, daß du keine Mäuse fangen kannst.« Ich nahm sie in die Arme und setzte mich mit ihr aufs Bett. Wir waren beide vor Mirandas Zorn geflohen.

Warum machte mir dieser Zorn solche Angst? Im Schauspielunterricht war ich wahrscheinlich schlimmer niedergemacht worden. Vielleicht lag es daran, daß sie als erstes Ensemblemitglied jene Art Zorn gezeigt hatte, der dazu führen mochte, daß man jemandem einen Meißel in die Brust stieß. Ford Donaldson hatte gesagt, eine derartige Mordmethode erfordere eine besondere Art von Gewalt und besondere Kraft.

Ich hob Lulu hoch und hielt sie einen Augenblick vor mich hin, sah in ihr reizendes Gesicht mit den noch reizenderen Ohren. »Habe ich dich mit meiner Bemerkung über deine Vorfahren verletzt, mein Liebling? Nein, natürlich nicht.« Warum hatte sich also Miranda Bly so sehr darüber aufgeregt? Allmählich wurde mir bei der ganzen Geschichte sehr mulmig zumute, als wäre ich über etwas sehr Häßliches gestolpert.

Ich setzte die Katze auf den Fußboden, und sie spielte mit meinen Schnürsenkeln.

Mein Gott, so langsam haßte ich sie alle – ihre steifen Abendessen, ihre Egozentrik, ihre schrecklichen Launen und vor allem ihr ach-so-großes Talent, aufgrund dessen sie sich anscheinend über den Rest der Welt erhaben fühlten.

Warum fuhr ich nicht einfach weg? Sie wollten mich los sein. Warum mietete ich mich nicht irgendwo anders in dieser Gegend ein? Ich wußte, warum. Weil die Jagd wichtiger war als der Schmerz.

»Ich habe nur gesagt«, erzählte ich Lulu mit gedämpfter Stimme, »daß ihr Scottish-Folds gute Mäusefänger seid. Außer dir, du kleine Abnormität... Du bist doch bloß eine kleine Abnormität, oder?«

Was wußte ich schon über Scottish-Fold-Katzen? Nur ein paar Fakten, die ich irgendwo aufgeschnappt hatte. Ich wußte, daß die Faltohren in den sechziger Jahren bei schottischen Farmkatzen plötzlich als spontane Mutation aufgetreten waren. Ich wußte, daß sie Anfang der siebziger Jahre in den USA bereits sehr beliebt waren, obwohl die einflußreichen Katzenzüchterverbände sich weigerten, sie als Rasse anzuerkennen. Ich wußte, daß die Rasse dann durch Kreuzung mit britischen und amerikanischen Kurzhaarkatzen etabliert wurde. Ich erinnerte mich, daß ich gelesen hatte, daß die Faltohren all dieser Katzen auf eine einzige Katze zurückzuführen waren. Und daß die Farbpalette der Scottish-Fold-Katzen immer breiter wurde, genau wie die Anzahl der Katzen mit Faltohren zunahm. Ich wußte natürlich, daß auch die Kätzchen eines Wurfs, die keine Faltohren hatten, süß waren. Und ich wußte, daß sie alle diese wunderschönen goldenen Augen hatten. Oder?

Warum konnte ich mich nicht an jene legendäre Begründerin der Rasse erinnern? Ich wußte noch ganz genau, daß ich gelacht hatte, als ich zum ersten Mal von ihr gehört hatte; ich hatte es witzig gefunden, daß man genau wußte, wer die erste Scottish-Fold-Katze gewesen war. Das hatte etwas Herzerfrischendes an sich. Schließlich kannte niemand den Namen des ersten Mannes oder der ersten Frau, der oder die das Feuer entdeckt hatte. Oder des ersten domestizierten Pferdes. Aber es gab wirklich eine Katze, die auf der ganzen Welt als die erste Katze mit Faltohren bekannt war.

Hätte ich bloß Lulu nach dem Namen ihrer Ur-Ur-Ur-Urgroßmutter fragen können. Ich wußte, es war ein ganz einfacher, rechtschaffener Name gewesen, wie Betty oder Stella oder ... *Susan* – war er das? Nicht Susan, Suzy! *Das* war der Name der Urmutter der Scottish-Fold-Katzen – der Begründerin der Rasse.

Suzy! Ich begann fieberhaft unter meinem Kissen zu wühlen. Dieser Name stand auf einem der Blätter aus Wills Zimmer, als Überschrift über einem verblichenen Stammbaum. Hatte ich etwa einen Katzenstammbaum vor mir, der irgendwann in der Vergangenheit aufgestellt wurde und auf dem die Begründerin der Rasse nach wie vor auf dem obersten Ast hockte, weil es noch nicht so viele Generationen gab, daß Suzy in jenem mythischen Königreich verschwunden war, in dem sie sich jetzt befand?

Verzweifelt und hoffnungsvoll sah ich mir das zweite Blatt an. Die Überschrift lautete BRIT. War das vielleicht ein Stammbaum der britischen Kurzhaarkatzen, mit deren Hilfe man die Scottish-Fold-Rasse geschaffen hatte?

Ich stieß einen Triumphschrei aus und schlug mir dann die Hand vor den Mund; ich fürchtete, daß mich die anderen unten gehört haben könnten. Doch ich vernahm keine Schritte auf der Treppe.

Ich holte die Diskette aus Will Gryders Unterlagen und schickte ein Stoßgebet gen Himmel, daß sie das Geheimnis der Stammbäume enthalten möge.

Ich brauchte Hilfe! An mehreren Fronten. Und ich wußte genau, an wen ich mich als erstes wenden würde. Doch das würde bis morgen warten müssen. Ich war in Hochstimmung und gleichzeitig erschöpft. Ja, der nächste Tag würde früh genug kommen. Er kommt sogar, wenn man tot ist, wie meine Großmutter einmal – in einer ihrer düstereren Stimmungen – bemerkt hatte.

14

Am nächsten Morgen stand ich um halb acht in einer Telefonzelle in Northampton, in einem kleinen Espresso, das als Pariser Cafè ausgestattet war.

Ich meldete ein R-Gespräch mit John Cerise in Glen Rock, New Jersey, an. John hat weder mit dem Theater noch mit der Welt der Musik zu tun. Er ist ganz schlicht und einfach ein Katzenmensch. Wir haben uns vor vielen Jahren kennengelernt, als ich zum ersten Mal als Catsitterin für eine reiche Dame am Central Park South arbeitete, deren Leidenschaft den englischen Kurzhaarkatzen galt. Cerise war damals – wie heute – Katzenzüchter und Preisrichter bei Katzenausstellungen, und er liebt Katzen über alles. Wir sprechen kaum öfter als zweimal im Jahr miteinander, aber zwischen uns besteht eine echte Zuneigung. Außerdem hat er eine besondere Schwäche für meinen verrückten Kater Pancho, der, wie John einmal sagte, eine Reinkarnation eines der Marschälle von Napoleon ist.

John ist jetzt über sechzig und hat sich überaus gut gehalten; er steht im Ruf, ein Dandy zu sein. Mit seinem straff zurückgekämmten ebenholzfarbenen Haar und – im Sommer – seinen eleganten weißen Leinenanzügen sieht er stets sehr exotisch aus. Er ist ein altersloses Relikt aus einer anderen Zeit. Und es paßt zu ihm, daß er ein Katzenmensch ist. Er wirkt wie der Inbegriff eines dezent androgynen Menschen. Er strahlt eine Art kühle Sinnlichkeit aus, bei der man sich sehr wohlfühlt, obwohl man die Objekte seiner Begierde kaum identifizieren kann. Und wenn ich irgendwelche Informationen über Katzen benötige, besonders bei meinen Verbrechensermittlungen, rufe ich stets John Cerise an.

Das Telefon am anderen Ende läutete und läutete – vierzehn Mal, bis sich seine benommene Stimme meldete. Ich hatte gewußt, daß ich ihn wecken würde. Doch er nahm das R-Gespräch bereitwillig an.

Es war zu früh für Konversation. Nachdem ich ihn gegrüßt hatte, bat ich ihn um einen Gefallen: Ob er wohl ein paar Stunden herumtelefonieren und für mich Informationen einholen könnte? Ich mußte mehr über die Scottish-Fold-Katzen wissen. Über die Zucht, den Kauf und Verkauf der Katzen im Gebiet von New York während der siebziger Jahre.

»Was für eine seltsame Bitte, Alice«, sagte er. Dann lachte er und fügte hinzu: »Nun, ich hatte heute sowieso nicht viel vor. Und weil ich Sie inzwischen kenne, werde ich Sie nicht einmal fragen, warum Sie diese Informationen benötigen, meine Liebe.« Ich gab ihm die Telefonnummer des Covington-Zentrums. Er sagte, er würde mich so gegen sieben Uhr abends anrufen.

Ich legte auf und wählte die Nummer meiner Freundin Amanda. Sie wohnte in einem Cottage außerhalb von Northampton und unterrichtete am Smith College. Zumindest hatte ich gedacht, daß sie noch dort unterrichtete, aber als ich sie erreichte und sagte, ich wolle sie gerne vor ihrer ersten Stunde treffen, erklärte sie, sie sei unfreiwillig auf ein Jahr beurlaubt worden und verdiene ihren Lebensunterhalt mit freiberuflichen Tätigkeiten. Als Amanda hörte, daß ich aus Northampton anrief, nur fünfzehn Autominuten von ihrem Haus entfernt, war sie begeistert.

»Was machst du hier oben?« fragte sie. Es war natürlich Amanda gewesen, die mir vor vielen Jahren den Job als Lehrerin am Smith College besorgt hatte. Wir schreiben uns noch immer ab und zu eine Postkarte.

»Ich bin nur 'raufgefahren, um eine andere Freundin zu besuchen«, sagte ich nicht ganz wahrheitsgemäß.

»Nun, dann komm auf der Stelle zu mir!«

Ihr renoviertes Cottage sah noch genauso aus wie bei meinem letzten Besuch. Und Amanda ebenso: eine kleine Frau mit markanten Zügen und kurzgeschnittenen grauen Ringellöckchen. Als sie Anfang Dreißig war, waren ihre Haare endgültig grau geworden, und das war ihr ganz recht. Sie kleidete sich wie eine bohemienhafte Bildhauerin und trug stets kilometerlange Halstücher oder Schals und klobige, wuchtige Sandalen. Ihr Haus war zum Bersten voll mit Tausenden Büchern. Und es schien, als hätte zumindest die Hälfte davon mit dem einen oder anderen Aspekt von Virginia Woolf und ihrer Zeit zu tun. Amanda – die meines Wissens nie einen Mann, ein Haustier oder ein Laster gehabt hatte – schien ihre gesamte Leidenschaft darauf zu verwenden, über Virginia Woolf zu lesen und zu schreiben. Obwohl sie Theaterwissenschaften unterrichtete und nicht englische Literatur, schrieb sie jetzt seit fast zehn Jahren an einem Manuskript. Es sollte *das* kritische Werk über Woolf werden, wenn es je fertig und veröffentlicht wurde.

»Aber ich dachte, du wärst ordentlicher Professor«, sagte ich. »Wie können sie dich einfach so beurlauben?«

»Ordentlicher Professor! Aber woher denn! Keine Dauerstellung, keine Sicherheit.«

Wir nahmen inmitten der Bücher Platz. Es war mir peinlich, den Grund meines Besuchs zu verschweigen, also rückte ich gleich damit heraus. Ich zeigte ihr die Diskette. »Hast du einen Drucker ... oder einen Computer ... oder was auch immer ..., womit man das ausdrucken kann?«

Sie sah sich die Diskette eine Sekunde an. »Na klar. Der Drucker ist in meinem Arbeitszimmer. In diesem verdammten Raum verbringe ich zwölf Stunden am Tag ... Aber zuerst sag mir, wie es dir geht.«

Bei einer Tasse schwarzem Tee erzählte ich ihr von der vernichtenden Kritik meiner Rolle in *Das Tier im*

Dschungel. Dann beantwortete ich – soweit ich konnte – ihre Fragen über gemeinsame Bekannte in New York. Sie wirkte so einsam und dürstete nach jeder Art von Neuigkeiten.

Als ich sagte, daß ich ein paar Tage in der Künstlerkolonie Covington wohnte, machte Amanda ein verwirrtes Gesicht. Sie zog eine kleine Grimasse, als fände sie, daß das Covington-Zentrum unter meiner Würde sei. Es war eine merkwürdige Reaktion; ich hatte Amanda nie für einen Snob gehalten, in keiner Hinsicht. Aber vielleicht mißbilligte sie solche Zentren aus irgendeinem Prinzip, das nur sie selbst kannte. Das Riverside Streichquartett erwähnte ich nicht.

Dann fragte sie, ob ich mich noch immer für das Virginia-Woolf-Projekt interessiere, über das wir jahrelang wiederholt gesprochen hatten. Amanda hatte an einem Ein-Frauen-Stück zu schreiben begonnen, das auf Woolfs Schriften, vor allem auf ihren Tagebüchern, basierte. Ich sollte natürlich Virginia Woolf darstellen. Ich sagte, daß ich noch immer sehr daran interessiert sei. Sie versprach, daß sie das Stück demnächst fertigstellen würde. Und sie wiederholte, daß ich eine phantastische Virginia Woolf abgeben würde. »Auf jeden Fall bin ich groß genug«, sagte ich, »und ich sehe in langen Kleidern gut aus.«

»Ihren Hals hast du auch, Alice. Das ist wichtig. Willst du noch Tee?«

»Also ...«

Amanda lächelte mich an. Sie wußte, daß ich ungeduldig war. Sie wußte, daß ich – aus welchen Gründen auch immer – jetzt diese Diskette ausgedruckt haben wollte. Sie nahm sie mir aus der Hand. Ich folgte ihr in ihr Arbeitszimmer, das die Bücher, die im anderen Zimmer keinen Platz mehr hatten, ebenfalls zu überschwemmen drohten.

Der Ausdruck war binnen weniger Minuten fertig. »Es waren nur ein paar Seiten drauf«, sagte sie, als sie sie mir reichte. »Warte!« Sie stutzte, als sie auf die erste Seite blickte. »Alice ... dieser Name auf der ersten Seite. Will Gryder. Alice, ist das nicht der Mann, der vor kurzem ermordet wurde? Mein Gott, als du mir sagtest, wo du wohnst, habe ich gleich gedacht, daß ich irgend etwas darüber in der Zeitung gelesen habe! Dort ist es passiert, nicht wahr?«

Ich nickte. Amanda ließ die paar Seiten los. Ich starrte auf das Deckblatt und las:

ENTWURF ZU
ZERRÜTTET
Ein Roman von Will Gryder

Die zweite Seite begann mit:

In bezug auf Gier, Gemeinheiten und Promiskuität stellt die Welt der Interpreten der klassischen Musik alle anderen in den Schatten – sogar die Welt des Rock'n'Roll.

Ich konnte kaum glauben, was ich da las. Ich begann zu kichern. Und merkte dann, daß das gar nicht lustig war. Ich las noch ein wenig weiter:

Dieser Roman beginnt im Jahr 1968 in New York. Vier junge Frauen – zwei studieren an der Juilliard-Musikakademie und zwei an der Mannes School – freunden sich an.

Im Augenblick brauchte ich nicht mehr zu lesen. Ich rollte die Blätter zusammen. Ich hatte es! Ein dickes, fettes, wunderschönes, schäbiges Motiv für einen Mord. Will Gryder, der Pianist, Komponist, Gourmet und Schürzenjäger war auf dem besten Weg gewesen, Autor von Schundliteratur zu werden. Er schrieb an einem kaum verschlüsselten Roman über das Leben und Treiben des Riverside Quartetts. Eine billige Mischung aus Mary McCarthys *Die Clique* und Kenneth Angers *Hollywood Babylon*. Doch warum sollte jemand wegen dieser alten Geschichten auf den Pianisten schießen? Schlüpfrige Enthüllungen holen heutzutage kaum jemanden hinter dem Ofen hervor. Es mußte noch etwas anderes geben, worüber Will schreiben wollte. Etwas ziemlich Schlimmes. Es mußte ...

»Was ist los, Alice?« fragte Amanda, offenbar besorgt über meinen Gesichtsausdruck.

Ich hatte einen Grund, in das Haus in Covington zurückzukehren – John Cerise wollte mich anrufen. Doch bis dahin dauerte es noch ein paar Stunden, und ich wollte nicht dort sein, wenn ich nicht mußte. Beth Stimson hatte mich auf einen Urlaub eingeladen. Also machte ich jetzt Urlaub und ließ es mir zur Abwechslung einmal gutgehen.

»Hör mal, Amanda. Hast du einen Teil deines Projekts schon ausgedruckt?« fragte ich.

Ihre Augen weiteten sich vor Aufregung. »O ja! Den ersten Akt, aus den Tagebüchern von 1915 bis 1919.«

»Darf ich ihn mir mal ansehen?«

»Mit Vergnügen.«

Die nächsten drei Stunden trug ich Viriginia Woolfs Tagebücher vor, bearbeitet von Amanda Avery. Mit einer Klavierbank und ein paar kleinen Dekorationen bauten wir sogar in ihrem Wohnzimmer eine Bühne auf.

Nach der »Aufführung« tranken wir starken Kaffee und sprachen darüber, was sich aus dem Manuskript machen ließe. Es machte Spaß. Und es vertrieb die Zeit. Am späten Nachmittag machte sie Thunfischsandwiches, zu denen wir alte Kartoffelchips aßen. Das Mahl ließ sich nicht mit dem vergleichen, das Mrs. Wallace im Haus auftischte, aber ich wurde satt. Ich versprach Amanda, mich zu bessern und ihr öfter zu schreiben und daß ich versuchen würde, öfter nach West-Massachusetts zu kommen.

Um sechs Uhr abends war ich wieder in Covington. Als ich zur Eingangstür kam, hörte ich Lachen.

Darcy, Mat Hazan, Roz und Miranda saßen herum, aber Ben Polikoff und Beth waren nicht da.

»Ich weiß ein paar neue Bratscher-Witze«, sagte Darcy. »Als ich das letzte Mal mit Judy Nelson Mittag essen war, hat sie mir ein paar gute erzählt.« Sie blickte auf und grüßte mich. »Kommen Sie herein, Alice.«

Ich grüßte die versammelte Gruppe, blieb aber zögernd an der Tür stehen.

»Woher weiß ein Croupier, daß am Roulettetisch Bratscher sitzen? ... Weil sie immer ihren Einsatz verpassen.«

Roz gefiel der Witz.

»Was ist der Unterschied zwischen einem Bratscher und einem Rasenmäher?«

»Einen Rasenmäher kann man an- und abstellen«, antwortete Hazan. »Den kenne ich als Sopran-Witz.«

Dann wandte sich die ganze Gruppe, mit Ausnahme von Miranda, mit ausgesuchter Höflichkeit mir zu. Sie fragten mich, was ich den ganzen Tag gemacht hatte, und ich erzählte ihnen, daß ich in der Stadt Freunde besucht und mir ein paar Museen in der Gegend angesehen hätte. Danach entschuldigte ich mich und sagte, ich müsse mich duschen und umziehen.

»Warum sind Bratscher-Witze so kurz?«, hörte ich Darcy fragen, als ich ging. »Damit sie sich die Bratscher merken können.«

Aus der Küche drangen verlockende Düfte. Als ich die Treppe hinaufging, hörte ich Mrs. Wallace pfeifen.

Um sechs nach sieben läutete das Telefon. Beth schrie in den ersten Stock hinauf, daß das Gespräch für mich sei. Ich wartete bereits beim Telefon im Gang. Ich hob ab und wartete, bis der Hörer im Erdgeschoß aufgelegt wurde.

John hatte seine Informationen gut vorbereitet und übermittelte sie mir knapp und wohlgeordnet. Ich hörte ihm mit wachsender Ehrfurcht und Aufregung zu und machte mir dabei Notizen. Er sprach etwa zwanzig Minuten lang praktisch ohne Unterbrechung; dann verstummte er und fragte: »Habe ich es ordnungsgemäß erledigt, Miss Nestleton?«

»Sie haben meine kühnsten Träume übertroffen.«

»Ich wette«, antwortete er, »das sagen Sie zu jedem Mann.«

»Alice!«

Daß jemand meinen Namen rief, erschreckte mich so sehr, daß ich instinktiv die Notizen, die ich mir gemacht hatte, unter mein Kissen schob. Beth stand in meiner Zimmertür. »Kommen Sie nicht essen, Alice? Mrs. Wallace hat sich heute selbst übertroffen. Ich glaube, sie hat ein amisches Gericht gemacht – oder war es etwas Elsäßisches?«

»Vielen Dank, Beth, aber ich habe keinen Hunger.«

»Nun, dann kommen Sie wenigstens zu Kaffee und Nachspeise hinunter. Mathew spielt seine unerlaubten Mitschnitte von der Callas in *Norma* vor.«

»*Das* will ich natürlich nicht versäumen«, sagte ich.

Ein paar Minuten später hörte ich sie alle am Tisch. Ich ging hinaus auf den Gang und rief hastig Ford Donaldson an. Ohne seine Hilfe ging gar nichts.

15

Der Raum war warm wie ein Backofen. Und die Musikerinnen und ihre Männer aalten sich in den nachklingenden letzten Akkorden einer Opferszene von irgend etwas Teutonischem.

Für die Maria-Callas-Kassette von illegaler Herkunft – ich erfuhr, daß sie heimlich in Dallas aufgenommen worden war – brachte ich ein gewisses Interesse auf, doch bei den schaurigen deutschen Stücken, die dann folgten, bekam ich eine Gänsehaut.

Schließlich war die Musik zu Ende.

Um Mitternacht war ich mit Ford Donaldson verabredet. Ich konnte es kaum erwarten.

Darcy beschäftigte sich mit einem Kreuzworträtsel, wobei sie ab und zu innehielt, um einen weiteren Bratscher-Witz zu erzählen. Mathew Hazan kritzelte etwas auf einen Spiralblock. Beth strickte gemächlich mit zwei tödlich aussehenden Stricknadeln, und die Katze sauste wie verrückt hin und her und haschte nach der lila Wolle. Ben und Roz saßen sich, ihre Füße auf seinem Schoß, auf Lehnsesseln gegenüber und dösten vor sich hin. Miranda lag ausgestreckt auf dem Sofa, anscheinend ganz hingerissen von der Musik, die sie in ihrem Walkman hörte. Ich blätterte einen Vogelführer durch, den ich in der Bibliothek gefunden hatte, aber meine Gedanken waren woanders. Ich sah immer wieder auf die Uhr und zählte die Äpfel, die Mrs. Wallace auf ihrem Brett am Eßzimmertisch entkernte.

Endlich war es zehn Minuten vor zwölf.

Ich teilte der schläfrigen Gruppe mit: »Ich gehe ein wenig raus.«

»Was?« Beth sah mich erstaunt an. »Aber draußen ist es eiskalt. Und stockfinster! Und außerdem könnte da draußen jemand ... *warten.*«

Miranda setzte sich auf. »Laß sie gehen, Beeswax«, sagte sie abschätzig. »Siehst du denn nicht, daß die Lady ein aufregendes Rendezvous hat?«

Ich ignorierte Miranda. »Ich bin überzeugt, *draußen* ist es sicher«, sagte ich zu Beth. »Ich bin bald wieder da.« Ich hatte ein plötzliches Bedürfnis, zu sagen, ich fühle mich ein wenig »zerrüttet« – der Titel von Will Gryders geheimem Roman – und brauche deshalb etwas frische Luft. Doch ich unterdrückte den Impuls.

Ich ging hinaus in den schneidenden Wind und marschierte zur Straße, wo ich mich mit Donaldson treffen sollte. Sein Auto stand schon da, mit eingeschalteter Innenbeleuchtung und laufendem Motor. Er griff hinüber und öffnete mir wortlos die Tür.

»Ich habe Ihnen wahrscheinlich den Abend verdorben«, sagte ich entschuldigend, als ich mich neben ihn setzte.

»Das gehört zu meinem Job«, antwortete er stoisch. »Es konnte ja nicht bis morgen warten, oder?«

»Nein. Ich weiß, warum Will Gryder ermordet wurde.«

Er schwieg.

»Und wer ihn getötet hat.«

Er schwieg.

Ich griff in die Manteltasche und zog den vierseitigen Ausdruck von *Zerrüttet* heraus.

»Was ist das, Alice?«

»Lesen Sie es.«

Er las zwei der vier Seiten und wiederholte dann: »Was ist das, Alice?«

»Genau das, was draufsteht!« Daß er sich absichtlich so begriffsstutzig stellte, ärgerte mich. »Eine in einen Roman verpackte Beschreibung des Riverside Streichquartetts und der Leute in ihrem Umkreis.«

»A-ha.« Er wischte einen imaginären Fussel von seinem Mantelärmel. »Wollen Sie mir damit sagen, Alice, daß jemand diesen Mann umgebracht hat, weil er schreiben wollte, wer mit wem schlief?«

Ich nahm ihm die Blätter aus der Hand. »Nein, darüber wollte er nicht schreiben – ich meine, schon auch, aber das war noch das Geringste. Er wollte etwas viel Schwerwiegenderes enthüllen.«

»Wie zum Beispiel?«

»Nun ... das kann ich Ihnen jetzt noch nicht sagen.«

Ich sah zu, wie er langsam den Kopf senkte, bis er auf dem Lenkrad lag. »Und warum bin ich dann hier?« fragte er matt.

»Um mir zu helfen – das heißt, damit ich Ihnen helfe ... den Mörder zu fassen ... in den nächsten vierundzwanzig Stunden. Hören Sie, was ich sage? Sie können den Fall bis morgen abend abschließen.« Ich hatte bewußt die Formulierung gewählt, die mein Freund Rothwax, der Polizist, immer verwendete. Einen Fall lösen hieß ihn »abschließen«.

»Sagen Sie mir nur eines«, meinte Ford nach einer langen Pause. »Hat es etwas mit Stofftieren zu tun?«

»Also wirklich, Lieutenant! Sagen *Sie mir* nur eins: Wollen Sie den Mörder fassen? Wollen Sie diesen Fall abschließen? In vierundzwanzig Stunden?«

Er hatte Angst, mein Angebot anzunehmen. Doch ganz offensichtlich auch, es nicht zu tun.

»Hören Sie, Alice, warum können Sie mir nicht einfach sagen, was Sie wissen, und ich nehme Ihren Mörder dann zum Verhör mit?«

»Weil das nicht funktionieren wird. Glauben Sie mir. Wir müssen das auf meine Art machen.« Es folgte ein weiteres unbehagliches Schweigen, während dessen Ford dasaß und sich vor Unentschlossenheit wand.

»Sie haben wirklich nichts zu verlieren, Ford«, sagte ich. »Wenn ich mich irre, können Sie die Zusammenarbeit mit mir aufkündigen, mich als Idioten abschreiben. Aber wenn ich recht habe ...» Ich überließ es ihm, den Satz zu beenden.

Er seufzte. »Na schön. Was soll ich tun?«

»Ich habe schon eine Falle -« begann ich.

»Noch eine Frage an Sie«, unterbrach er mich. »Nur noch eine einzige Frage. Und ich möchte, daß Sie sie ehrlich beantworten.«

»Schießen Sie los.«

»Sind Sie in letzter Zeit aus irgendeiner psychiatrischen Anstalt entlassen worden?«

Ich rüttelte am Türgriff und wollte aus dem Auto steigen, doch seine Hand auf meinem Arm hielt mich zurück.

»Schon gut, schon gut. Beruhigen Sie sich.«

Irgendwie schaffte ich es, es nicht zu tun, doch ich hätte ihm liebend gern eine geknallt.

»Die Geschichte wird den Staat doch nichts kosten, oder? Denn dann müßte ich mir vorher eine Genehmigung holen.«

»Nicht einen Penny«, sagte ich.

»Dann bin ich wohl Ihr Mann.«

Ich erklärte ihm Schritt für Schritt meinen Plan. Er hörte sehr aufmerksam zu und schien alles zu verstehen.

Aber ich hätte ihm noch immer gerne eine geknallt.

16

»Alice, sind Sie wach?«

Beth spähte durch die Tür, die einen Spalt offenstand, in mein Zimmer.

Ich stellte mich schlaftrunken, obwohl ich seit einer Stunde wach war – und wartete.

»Wie spät ist es?« murmelte ich.

»Ungefähr acht. Tut mir leid, wenn ich Sie geweckt habe, aber der Polizist ist gerade an die Tür gekommen und hat gesagt, daß Lieutenant Donaldson in einer Stunde hier sein wird. Er hat irgendwelche Informationen über die Ermittlungen, und er möchte, daß wir alle da sind.«

»In Ordnung. Ich komme hinunter«, sagte ich.

Bravo, Lieutenant Donaldson. Er konnte recht schwierig sein, aber im Ernstfall war er wirklich ein guter Soldat. Er war ganz pünktlich, genau wie wir geplant hatten.

In meinem Zimmer war es eisig. Die Zentralheizung mußte in den frühen Morgenstunden den Geist aufgegeben haben. Ich war dankbar, daß ich als letzte das große Badezimmer benutzen konnte, das ich mit Beth und Darcy teilte. Die Wärme und die Feuchtigkeit von ihren morgendlichen Duschen hing noch in der Luft. Ich badete und ging dann zurück in mein Zimmer, wo ich bibbernd in meine Kleider schlüpfte. Ich zog eine dicke lange Hose und einen lila Rippenpullover an und darüber eine gefütterte Wollweste mit wirklich süßen Katzenapplikationen auf den Taschen. Mrs. Oshrin, meine New Yorker Nachbarin, hatte sie mir einmal im Winter gemacht, als wir Probleme mit dem Heizkessel im Haus hatten.

Ich ging hinunter. Auf der dritten Stufe von oben hielt ich plötzlich inne. Warum war ich eigentlich so verdammt ruhig? War ich mir meiner Fähigkeiten als Regisseurin so sicher – so sicher, daß alles laufen würde wie geplant? Und woher nahm ich diese Zuversicht? Ich hatte einzelne Puzzlestückchen zu diesem Fall, nicht mehr.

Kleinigkeiten machen mich verrückt, aber bei Streß oder Gefahr werde ich anscheinend unerträglich ruhig. Ich bin keine besonders mutige Frau. Ist es Arroganz? Genau da, auf der Treppe, überfiel mich intensiv die Erinnerung an eine ganz bestimmte Probe für das Stück, in dem ich gespielt hatte – in der Rolle, die so verrissen worden war. In der letzten Szene lag ich auf dem Totenbett. John Marcher, der zaghafte Held von *Das Tier im Dschungel*, war an meiner Seite. Ich sagte zu ihm, daß die Angst, die stets zwischen uns gestanden hatte, vorbei sein würde, wenn ich tot sei. Er erwiderte, daß für ihn nichts vorbei sein würde, bis *er* starb. Und das, fügte er hinzu, würde bald sein, weil er meinen Tod nicht verwinden könne.

An diesem Punkt, meinte der Regisseur, solle ich die

Hand ausstrecken und zärtlich sein Gesicht berühren. Als Zeichen der Liebe, als Zeichen des Verlustes, als Zeichen der unfaßbaren Tragödie. Ich sagte nein. Ich sagte dem Regisseur, ich würde die Arme still an meiner Seite liegenlassen. Ich sagte ihm, er verstünde May Bartram nicht.

Gelächter aus dem Erdgeschoß riß mich aus meinen Tagträumen. Als ich hinunterkam, sah ich den Grund dafür – Mat Hazan. Er unterhielt die Anwesenden mit Feldmausgeschichten. Mrs. Wallace kam herein, schenkte Kaffee nach und reichte auf einem Tablett Brioches.

»Gestern nacht lag ich im Bett«, fuhr Hazan fort, »und da hörte ich unglaublichen Lärm. Ich blickte auf und sah ein halbes Dutzend Mäuse, die quer über mein Fenster ein Transparent spannten. Ich stieg aus dem Bett und setzte die Brille auf. Und wirklich, es war tatsächlich ein Transparent. Darauf stand: ›Sie haben Lake Placid. Wir haben das Covington-Zentrum.‹ Mir wurde klar, daß ich wirklich ein Glückspilz war. Ich würde als erster Mensch die Winter-Olympiade der Feldmäuse sehen. Einige der Disziplinen sind wirklich spektakulär. Zum Beispiel Bobfahren über die gefährliche Milchflasche. Abfahrten über nasse Socken. Und erst das Rodeln! Sie rodeln auf abgeworfene Flügeldecken von Marienkäfern. Ich habe sogar die Eröffnungsfeierlichkeiten gesehen – und ich kann euch sagen, es war wirklich ergreifend, wie sie mit dem Wegwerffeuerzeug herummarschierten. Ihr werdet nie erraten, wem die Spiele gewidmet waren.«

»Mickymaus«, meinte Darcy.

»Yo-Yo Bär«, sagte Ben.

»Ganz falsch«, sagte Mat verächtlich. Dann stand er auf und deutete theatralisch in die Mitte des Zimmers, wo liebreizend und vollkommen unbekümmert Lulu saß.

Das darauf folgende Lachen verebbte erst, als es an der Tür läutete und Ford Donaldson hereinkam.

»Guten Morgen«, sagte er ernst. »Störe ich Sie bei irgend etwas?«

»Sie kommen gerade recht«, sagte Beth. »Sie machen sich über ein hilfloses Tier lustig.«

Ford nahm den Hut ab. Ruhig trat er in die Mitte des Zimmers. Er überragte die anderen wie eine majestätische Eiche. Er trug eine schöne Krawatte, die in Anbetracht seiner Vorliebe für einfarbige Kleidung sogar ziemlich gewagt war.

»Ich werde Ihre Zeit nicht allzu lange in Anspruch nehmen«, sagte er. »Ich möchte Sie nur über den letzten Stand der Ermittlungen informieren.« Das war gut, dachte ich: es klang bescheiden, aber nicht kriecherisch oder für ihn untypisch.

»Die Ermittlungen laufen weiter«, fuhr er fort. »Vielleicht nicht so rasch, wie wir es alle gerne hätten, aber wir sind nach wie vor voll damit beschäftigt. Bis jetzt haben wir noch nichts von den Dingen, die Mr. Gryder gestohlen wurden, wiederbeschaffen können – weder Kreditkarten, Schmuck, noch sonst etwas. Wir sind weiterhin der Meinung, daß es ein Raubmord war, und daß der mutmaßliche Täter wahrscheinlich ein Einheimischer ist oder einer der vielen Landstreicher, die sich in dieser Gegend herumtreiben. Ich weiß, das ist nicht viel, aber wir halten Augen und Ohren offen, und früher oder später wird sich etwas ergeben, daß uns zum Ziel führt.«

Super! dachte ich. Ford Donaldson war ein besserer Schauspieler als viele Profis, mit denen ich gearbeitet hatte.

Für einen Sekundenbruchteil trafen sich unsere Blicke, als er sich umsah und auf Fragen oder Kommentare wartete.

Es gab keine. Auf den Gesichtern der einzelnen Ensemblemitglieder spiegelte sich wieder die alte Trauer, und ich sah, wie Ben die Zähne zusammenbiß, als müsse er sich zwingen, sich nicht über den langsamen Fortschritt der Ermittlungen zu beschweren.

Fords Gesicht war ebenfalls ernst. »Ich dachte, es würde Sie auch interessieren, daß der amtliche Leichenbeschauer die Leiche freigegeben hat«, verkündete er. »Sie wird – Mr. Gryders sterbliche Hülle wird zu seiner Schwester in Kalifornien überführt.« Hier verstummte er, nickte uns zum Abschied zu und ging zur Tür.

Jetzt, wies ich ihn im Geist an. *Jetzt dreh dich zum Publikum um, Ford.* Der gute Soldat befolgte meine Anweisungen.

Er machte ein paar Schritte zurück ins Zimmer. »Ich möchte Sie noch um einen Gefallen bitten. Wir haben einen weißen leinernen Seesack gefunden, der Mr. Gryder gehört hat. Er war in einem der steinernen Brunnen auf dem Grundstück versteckt. Weiß jemand von Ihnen, aus welchem Grund?«

Ich konnte spüren, wie die Zuhörer plötzlich von Spannung erfaßt wurden. Keiner beantwortete Donaldsons Frage, aber sie murmelten alle irgend etwas und sahen einander nervös an.

»Nein...?« meinte Ford. »Nun, wir können uns keinen Grund denken, warum er ihn da hineingelegt haben sollte. Aber das Labor ist jedenfalls damit fertig. Er enthielt nichts, was für uns wichtig gewesen wäre – nur Papiere und Computerzubehör. Wir haben ihn in einen der Schuppen am Bach gebracht, in den größeren, und ich lasse ihn morgen von einem Polizeibeamten abholen. Ich dachte mir, wir schicken ihn zusammen mit der Leiche an Mr. Gryders Schwester. Wäre einer von Ihnen wohl so freundlich, meinem Mitarbeiter den Schuppen zu zeigen, wenn er kommt?«

»Natürlich«, antwortete Mat Hazan.

»Wir laden ihn sogar auf eine Tasse Tee ein«, sagte Darcy. »Nicht wahr, Mrs. Wallace?« Doch die Köchin war in die Küche verschwunden.

Ford hob dankend die Hand und ging. Ich atmete erleichtert auf. Gut gemacht, Donaldson! Sparsamer Text. Sparsame Bewegungen. Eine tolle Vorstellung, auch, wie er die Falle ausgelegt hatte.

»Ist das zu fassen? Er hat gesagt, Will hat einen Seesack im Brunnen versteckt!« sagte Roz, sobald die Tür zugefallen war.

»Ich wußte nicht mal, daß es einen Brunnen *gibt*«, meinte Darcy.

»Die Einheimischen sagen es einem nicht«, bemerkte Miranda. »Und zwar, weil sie hoffen, daß man hineinfällt.«

Ich beteiligte mich nicht an der Unterhaltung. Ich ging zum Durchgang zwischen Eßzimmer und Küche und rief der Köchin laut zu: »Mrs. Wallace, ich werde heute abend zum Essen nicht hier sein. Ich treffe mich heute nachmittag mit einem Freund und werde wahrscheinlich bei ihm übernachten.«

»Geben Sie etwa an, Alice?« fragte Beth ungezogen.

Ich hatte so laut gesprochen, daß es alle mitbekamen. Ich mußte eine plausible Erklärung für meine Abwesenheit vorweisen.

Einen Augenblick lang wußte ich nicht, ob mich

Mrs. Wallace gehört hatte. Aber dann antwortete sie mit einem Brummen.

Ich nahm mir den restlichen Kaffee, der auf dem Eßzimmertisch stand. Er war noch immer ziemlich heiß. Ich blies ein wenig auf die Oberfläche und sah dabei, wie sich Lulu auf der Vitrine streckte und gähnte. Sie schien sich in ihrer neuen Umgebung sehr entspannt und wohl zu fühlen.

Mir ging es auch gut. Bis jetzt waren Donaldson und ich ein wunderbares Team. Ich hoffte bloß, das Stück würde sich nicht als Varieténummer erweisen.

17

»Ich hoffe, Ihnen ist klar, wie lächerlich ich mir hier vorkomme, Alice.«

Ich grinste in der Dunkelheit. Endlich hatte ich die Gelegenheit, *ihn* ein wenig gönnerhaft zu behandeln.

Es war sieben Uhr abends. Im großen und ganzen hatten wir es eigentlich recht gemütlich in unserem Versteck hinter einem Stoß Kartons im Schuppen. Auf der anderen Seite des Ganges, auf demselben Laken, das Beth und Will für ihre Schäferstündchen benutzt hatten, lag ein weißer Seesack. Ich hatte allen möglichen Plunder hineingestopft, ein Vorhängeschloß für etwa sechs Dollar angebracht und das Durchziehband darumgewickelt, so daß man, wollte man ihn öffnen, entweder das Schloß abnehmen oder das Band durchschneiden mußte.

Wir saßen jeder – mit einer Decke zugedeckt – auf einem Karton hinter zwei größeren Kisten, so daß uns jemand, der durch den schmalen Gang kam, nicht sehen konnte. Die einzige Glühbirne am Eingang hatten wir ausgeschraubt. Es war stockfinster.

Schließlich antwortete ich ihm. »Warum sollten Sie sich dumm vorkommen? Überwachung gehört doch zur Polizeiarbeit, nicht wahr? Nur durchhalten, Ford.«

Ein paar Minuten später hörte ich ein Rascheln. Mir lief es kalt über den Rücken. Bei den Vorbereitungen zu dieser Überwachung hatte ich – bis jetzt! – an eines nicht gedacht: an Ratten! Dann wurde mir klar, daß Donaldson dieses Geräusch machte. »Was *ist* das?« fauchte ich.

»Ein Bonbon. Möchten Sie eins?«

»Nein, danke.«

Er schwieg ein paar Minuten.

»Sind Sie verheiratet, Alice?«

»Schon ziemlich lange nicht mehr.«

»Ich auch nicht«, sagte er.

»Ja. Das habe ich mir gedacht ... Ich möchte Ihnen noch einmal sagen, wie leid es mir tut, daß ich in letzter Zeit Ihre Abende mit Beschlag belege.«

Ich hörte ihn seufzen.

Ich hatte genug Zeit mit diesem Mann verbracht, um ein paar fundierte Vermutungen darüber anzustellen, woher seine miese Laune kam, was ihn bedrückte. Er war ziemlich eindeutig kein heimlicher Trinker und auch nicht unzufrieden mit seinem Job oder kokainsüchtig. Liebeskummer, hatte ich entschieden. Eine Affäre. Das war der Grund für seine Probleme.

»Sie glauben, daß wir lange hier warten müssen, nicht wahr?« fragte er mit einem leicht amüsierten Unterton.

»Höchstwahrscheinlich«, antwortete ich im gleichen Tonfall. »Halten Sie durch.«

Er nahm sich noch ein Bonbon. »Sie sind also Schauspielerin.«

»Wenn ich Arbeit habe.«

»Haben Sie schon mal in einem Film gespielt?«

»Nein, noch nie. Vor Jahren habe ich ein paar Sachen fürs Fernsehen gemacht. Aber meistens Theater.«

»Ich komme alle Jubeljahre mal nach New York«, sagte er.

»Ach, wirklich?« Ich wußte nicht, was jetzt kommen würde. Ich dachte, er würde mich vielleicht einladen, das nächste Mal, wenn er nach New York käme, mit ihm zu Abend zu essen. Oder mir – wie viele Menschen, die ich kennenlerne – vorhalten, wie viele Verbrechen, wieviel Schmutz und Elend es in New York gibt.

»Ja«, sagte Ford. »Eine Schwester von mir lebt in New York. Sie ist vor fünfundzwanzig Jahren hingezogen, um Musik zu studieren. Wollte Opernsängerin werden. Hat aber nicht geklappt.«

»So ist das meistens«, sagte ich teilnahmsvoll.

»Das letzte Mal, als ich dort war, habe ich ein Theaterstück gesehen.«

»Schön.«

»Ja, es war etwas ganz Besonderes.«

»Was denn?«

»Mr. Eugene O'Neill«, verkündete er. »*Ein Mond für die Beladenen.* Ich mußte extra nach Brooklyn fahren, aber das war okay. Haben Sie das Stück mal gesehen?«

»Nein«, log ich. Ich wollte nicht darüber diskutieren, was ich von O'Neill hielt. Es genügte mir, diese neue Seite an dem rätselhaften Lieutenant Donaldson zu entdecken.

Es war etwa halb elf, als er mich fragte: »Was glauben Sie, wann der Killer auftauchen wird?«

»Ich würde meinen, irgendwann nach elf«, sagte ich. »Das Abendessen hier kann sich in die Länge ziehen, je nachdem, was Mrs. Wallace auftischt. Und dann gibt es noch die Nachspeise ... und Kaffee ... und Cognac ... und ...«

»Kann noch eine ganze Weile dauern, was?«

»Ja, Ford.«

»Vielleicht kommt er auch gar nicht?«

»Vielleicht kommt er auch gar nicht«, wiederholte ich. »Alles ist möglich.«

Ich hörte, wie er sich gegen die Kälte in die Hände blies. Und dann, als ich mir gerade überlegte, ob er zu sehr Macho war, um Handschuhe zu tragen, zog er ein Paar aus seiner Jackentasche.

»Und das alles wegen einer lausigen Diskette«, murmelte er.

»Es geht darum, was der Mörder glaubt, daß auf der Diskette drauf ist, Lieutenant. Und dann ist da noch etwas.«

»Noch etwas? Sie haben mir sonst nichts gesagt.«

»Nein. Aber ich werde es Ihnen jetzt sagen. Der Mörder ist auch hinter ein paar Unterlagen her, Unterlagen über Katzenstammbäume. Darum dreht sich das alles.«

Nichts. Grabesstille. Ich wußte, er versuchte, seine Beherrschung wiederzugewinnen, bevor er sprach.

Schließlich sagte er: »Treffen wir eine Abmachung – okay? Sie erklären nicht, was Sie gerade gesagt haben, bis wir den Mörder in Gewahrsam haben – okay? Denn ich will es einfach im Augenblick nicht hören. Abgemacht?«

»Ja, Ford.«

Auf einmal spürte ich die Kälte am ganzen Körper. Ich wollte mich bewegen, konnte aber nicht. Und ich konnte die leiseste Regung von Donaldson in der Finsternis spüren, als wäre jede Bewegung eine potentielle Bedrohung für mich. Ich starrte auf das leuchtende Ziffernblatt seiner Armbanduhr und beobachtete, wie sich die Minuten langsam dahinschlichen.

Mein Magen begann zu rumoren. Schließlich stand ich auf und ging in dem engen Raum im Kreis herum. Ich hörte, daß Donaldson irgend etwas sagte. Mir war, als, hätte er auch boshaft gekichert.

»Was haben Sie gesagt?«

»Ich sagte, Sie müssen sie wirklich hassen, nicht wahr?«

»Wen?«

»Ihre Freundinnen, die Musikerinnen.«

»Wieso glauben Sie das?«

»Ich habe Sie beobachtet, wenn Sie mit ihnen zusammen waren. Es ist ganz offensichtlich.«

Wir waren beide ins Flüstern verfallen, was unsere Unterhaltung zu einem grimmigen, bedeutungsschwangeren Dialog machte.

»Das ist überhaupt nicht wahr, Ford. Beth und Roz und die anderen sind wunderbare Musikerinnen«, sagte ich.

»Ach ja? Und warum hassen Sie sie dann?«

»Bitte hören Sie damit auf.«

»Na schön. Wenn Sie mir nicht sagen wollen, warum Sie sie hassen, dann erklären Sie mir, warum Sie jetzt so ruhig und gelassen sind. Wenn Sie nicht aus der Klapsmühle ausgerissen sind, wird demnächst hier ein Mörder hereinspazieren. Er könnte sogar versuchen, *Sie* zu ermorden. Wieso sind Sie so ruhig?«

Bevor ich antworten konnte, erklang irgendwo ein dumpfer Schlag. Ford und ich erstarrten auf unseren Plätzen, und wir warteten, daß die Tür aufging. Doch sie ging nicht auf.

»Wahrscheinlich ein Waschbär«, sagte er nach fünf Minuten. »Es wäre ein Jammer, wenn ich ihn erschießen müßte. Aber wenn er seinen Stammbaum nicht bei sich hat, muß ich ihn erschießen. So ist das hier oben.«

Donaldsons leuchtendes Ziffernblatt zeigte dreiviertel zwölf.

Ich döste eine Weile ein. Bushy, Pancho, Basillio, meine Lieblings-Patchworkdecke, meine Lieblingsbäckerei und all die anderen vertrauten Dinge meines Lebens tauchten am Rande meines Bewußtseins auf.

»Viertel zwei, Alice.«

Ich fuhr auf.

»Sieht aus, als würde sich Ihr Mörder etwas verspäten.«

»Nein, das stimmt nicht!« sagte ich und packte Ford am Handgelenk, um ihn zum Schweigen zu bringen.

Das Klirren der Schuppentür war wie ein elektrischer Schlag, als hätte mein Fuß die dritte Schiene der U-Bahn berührt. Ich spürte, wie Donaldson nach seiner Waffe griff.

Die Tür ging auf, und ein eiskalter Windstoß fuhr durch den Schuppen. Die Tür wurde leise geschlossen. Der Mörder war mit uns im selben Raum!

Der Strahl einer Taschenlampe wanderte durch den Gang. Und dann erklangen zögernde Schritte. Der Mörder suchte den weißen Seesack.

Ich drückte mich fest an den Karton; meine Hände waren gefaltet und wurden schon ganz weiß. Ford bewegte sich leise vorwärts und streifte mich dabei.

Ich sah eine Gestalt. Direkt vor uns, auf dem Gang, vor dem Seesack. Sie beugte sich hinunter und begann am Seesack zu zerren. Ich hörte, wie die Gestalt den Atem einzog. Ich hörte, wie Hände sich bemühten, den Seesack aufzubekommen, und dann das kurze Aussetzen des Atems, als der Mörder merkte, daß der Seesack mit einem Vorhängeschloß verschlossen war.

Dann tupfte mir Donaldson auf die Schulter. Das war mein Zeichen. Ich schaltete seine Taschenlampe ein, ein leistungsstarkes Gerät, wie es die Verkehrspolizei benutzt. Ihr Strahl erfaßte die erschreckte Gestalt.

»Kann ich Ihnen behilflich sein?« fragte Donaldson leise, beinahe ironisch, doch mit einem drohenden Unterton. Erst jetzt sah ich die Waffe in seiner ausgestreckten Hand.

»Lassen Sie die Taschenlampe fallen!« befahl er. »Nicht umdrehen! Heben Sie beide Hände über den Kopf!«

Die Plastik-Taschenlampe fiel mit einem lauten Krachen zu Boden.

»Und jetzt drehen Sie sich langsam um.«

Als sich Miranda Bly umwandte und uns sah, fielen ihr fast die Augen aus dem Kopf. Sie war absurd gekleidet: sie hatte ein Sweatshirt und eine Thermo-Nylonjacke an und darunter ein Nachthemd, auf dem vorn Peter Rabbit aufgedruckt war. Auf dem Kopf trug sie eine Nerzmütze, die aussah wie die russischen Ohrenklappenmützen.

»Miss Bly, nicht wahr?« fragte Ford. »Bitte sagen Sie, was Sie hier tun.«

Sie blickte stumm von Ford zu mir. Ihr Gesicht wirkte im grellweißen Schein der Taschenlampe absurd langgezogen.

»Lassen Sie mich das erklären, Lieutenant«, sagte ich und trat näher. »Miss Bly sucht nach Unterlagen über den Stammbaum einer bestimmten Katzenrasse. Und nach einer Diskette, auf der der Anfang eines Buches ist, an dem Will Gryder schrieb. Miss Bly mußte verhindern, daß dieses Buch geschrieben wurde – um jeden Preis. Ist es nicht so, Miranda?«

Sie schwieg noch immer.

Also fuhr ich fort: »Das Riverside Streichquartett hat sein Startkapital nicht durch die finanzielle Großzügigkeit von Roz Polikoffs Tante Sarah bekommen – wenn es überhaupt je eine solche Person gab. Nein, sie brachten das nötige Geld mit etwas viel Schlimmerem auf. Miranda und Roz sind die einzigen, die wissen, daß die Tante-Sarah-Geschichte eine Lüge ist. Sie beide beschafften das Geld, und zwar indem sie damals, als sie als junge Frauen in einer teuren Tierhandlung in New York arbeiteten, Würfe von Scottish-Fold-Katzen stahlen. Die Kätzchen brachten damals, Mitte der siebziger Jahre, siebenhundert Dollar pro Stück, obwohl die Rasse noch nicht einmal offiziell anerkannt war. Die Kätzchen waren einfach bezaubernd – und Leute mit viel Geld wollten sie haben. Und dann ist etwas viel Schlimmeres als Diebstahl passiert. Nicht wahr, Miranda?«

Sie gab mir keine Antwort, sondern starrte hinunter auf die Taschenlampe, die auf dem Boden lag. Ihr Strahl fiel noch immer auf meine Stiefel.

Lieutenant Donaldson machte mir ein Zeichen, daß ich fortfahren sollte.

»Ein Mann, der das Grundstück bewachte, auf dem einige der Katzen gezüchtet wurden, ertappte eines nachts die Diebe auf frischer Tat und wurde angeschossen. Er überlebte, war aber den Rest seines Lebens gelähmt. Es kam nie zu einer Anzeige. Doch Will Gryder hat irgendwie herausgefunden, daß Roz und Miranda in das Verbrechen verwickelt gewesen waren. Und irgendwie hat Miranda herausgefunden, daß es Will wußte. Miranda wußte vielleicht nicht, welche Art Buch er schrieb, aber sie dachte, Will würde darin die ganze Geschichte erzählen und sie und Roz namentlich erwähnen. Und sie wußte, sie mußte ihn davon abhalten. Vielleicht versuchte sie ihn zu bestechen. Vielleicht dachte sie, wenn sie mit ihm schlief, würde er es sich anders überlegen. Aber sie schaffte es nicht. Und eines nachts brachte sie ihn um. Es war Miranda, die ihm den Meißel in die Brust stieß, und glauben Sie mir, Lieutenant Donaldson, eine Frau, die so viele Jahre Cello spielt, hat in den Schultern und Armen genug Kraft dazu.«

Ich merkte, daß ich zu schnell sprach, aber ich konnte mich nicht bremsen. Die beiden schienen immer näher an mich heranzurücken. Ich begann beim Sprechen herumzugehen.

»Ich glaube nicht, daß es ein vorsätzlicher Mord war. Ich glaube, sie ist einfach zu einer Zeit, wo es niemandem auffiel, aus dem Haus geschlüpft, hat Will in der Scheune angetroffen und ihn gebeten, beschwatzt, bedroht – was immer –, und als das alles nichts nützte, hat sie ihn in ihrer Wut umgebracht. Sobald ihr klar wurde, was sie getan hatte, wischte sie die Waffe ab, nahm ihm sein Geld und andere Sachen ab und ließ sie irgendwo verschwinden, damit es aussah wie ein Raubüberfall. Dann ging sie zurück und gesellte sich zu den anderen. Ich weiß nicht, wie, aber am nächsten Tag inszenierte sie diesen Unfall. Es war eine Art Warnung an Roz – oder vielleicht hoffte Miranda wirklich, daß Roz dabei umkommen würde-, weil ihr klar war, daß nur Roz Will von den Scottish-Fold-Katzen erzählt haben konnte, als sie damals mit ihm eine Affäre hatte.«

Ich hatte meine brillante Analyse beendet.

Donaldson atmete tief aus. »Sie waren sehr fleißig, Alice. Ich nehme doch an, die ganze Geschichte mit den Katzen und dem angeschossenen Wächter ist überprüfbar?«

»Sie stammt aus einer einwandfreien Quelle.«

»Schrauben Sie die Glühbirne wieder ein, ja?« bat er mich.

Erst als ich das getan hatte, sprach Miranda. »Sind Sie jetzt fertig?« fragte sie. »Sie beide?«

Ich antwortete. »Ja, Miranda. Warum?«

Sie schüttelte langsam den Kopf und begann dann verächtlich zu lachen. »Sie sollten wirklich hinter Schloß und Riegel kommen. Sie sind eine öffentliche Bedrohung, Sie verrücktes Miststück. Und was Sie betrifft, Lieutenant Donaldson, da fehlen mir im Augenblick die Worte. Aber ich hoffe, das wird nicht der Fall sein, wenn Sie sich vor dem Untersuchungsausschuß der Polizei verantworten müssen. Sie sind beide vollkommen übergeschnappt – beide.«

Ford schwieg.

»Hören Sie«, sagte sie ungeduldig zu ihm, »fassen Sie mal in meine Tasche – los, machen Sie schon. Ich würde es selbst tun, aber ich glaube, dann würden Sie mir eine Kugel in den Kopf jagen.«

Er griff in ihre Westentasche und zog etwas heraus, das unverkennbar eine echte Perlenkette war.

»Ja, ganz recht«, sagte sie angewidert. »Sehen Sie sie an, Sie Esel! Das ist eine Perlenkette. Ich wollte sie Wills Schwester Carolyn schicken. Sie und ich, wir waren eng befreundet, seit wir zehn Jahre alt waren. Als wir in die Schule gingen, sagte Willy, er könne sich nicht zwei Perlenketten leisten, also schenkte er uns diese eine gemeinsam – weil wir so gute Freundinnen waren. Und wir haben sie uns geteilt. Doch dann hatten wir vor über fünfzehn Jahren einen schrecklichen Streit. Seit damals haben wir nicht mehr miteinander gesprochen. Heute war ich in meinem Zimmer und habe die ganze Nacht geweint – wegen dieser ganzen furchtbaren Geschichte –, und ich dachte, ich könne ja einfach in den Schuppen gehen und sie zu seinen Sachen in den Seesack legen. Sie würde schon wissen, was sie zu bedeuten hat.«

Ford sah mich an.

»Und was diese widerliche Anschuldigung betrifft, daß ich Willy ermordet hätte« – Miranda schrie jetzt beinahe – , »dieses lächerliche Weib hat von dem Augenblick an, als sie in unser Leben trat, versucht, uns allen etwas anzuhängen! Aber ich habe ihn nicht getötet! Wie hätte ich das tun können? Zu dem Zeitpunkt, als er angeblich starb, war ich in Mats Zimmer – ich lag mit ihm im Bett.«

Als sie das sagte, löste sich Fords Vertrauen in mich in Nichts auf. Ich wußte es. Und Miranda wußte es auch.

»Ich kann die Perlenkette ja Ihnen geben, Lieutenant«, sagte sie. »Sie und Ihre Staatspolizisten oder was zum Teufel Sie sind, können den Seesack öffnen und sie ... hineinstecken – Sie wissen schon, wo.«

Zu dritt gingen wir schweigend durch die eisige Nacht. Ford sah mich nicht ein einziges Mal an, aber der Strahl unserer Taschenlampen kreuzte sich immer wieder auf dem Boden.

Sobald wir im Haus waren, wirbelte Miranda zu Donaldson herum und sagte mit zusammengebissenen Zähnen: »Bringen wir diese Geschichte gleich hinter uns, ja? Ich möchte, daß Sie das, was ich gesagt habe, überprüfen, und zwar sofort. Sprechen Sie mit Mat.«

Als wir die halbe Treppe erklommen hatten, war das ganze Haus auf; alle wollten wissen, wer um zwei Uhr früh so einen Krach machte. Miranda sagte es ihnen.

Sie sagte es ihnen in den anschaulichsten obszönen Ausdrücken, die ich je aus dem Mund einer gebildeten Frau aus gutem Haus gehört habe. Und sie schloß ihre Schmährede damit, daß alles Beths Schuld war, weil sie mich hierher eingeladen hatte.

Ich sah den Blick, den mir Beth Stimson zuwarf, und drehte ihr den Rücken zu. Ich stand da und sah zu, wie Ford mit Mathew Hazan in sein Zimmer ging, um allein mit ihm zu sprechen. Jetzt, wo Miranda im Kreis ihrer Freunde war, die sie beruhigten und trösteten, war »Furie« noch eine der netteren Bezeichnungen, mit denen sie mich bedachte. Ford kam nach kaum fünfzehn Minuten aus Mats Zimmer heraus. Schließlich sah er mich an, eher traurig als wütend.

Ich ging in mein Zimmer für Gäste zweiter Klasse und hatte in zehn Minuten gepackt. Ich sah mich nach Lulu um, konnte sie aber nicht finden. Ich hätte mich gerne von ihr verabschiedet.

Ford begleitete mich zu meinem Auto.

»Man kann nicht immer Glück haben, Alice«, sagte Ford, als ich den Motor anließ.

Ich hatte keine Probleme, den Weg zurück nach New York zu finden.

18

Ich versuchte Bushy davon zu überzeugen, daß ich mich freute, ihn wiederzusehen. Aber ich glaube nicht, daß er mir das abnahm – wahrscheinlich, weil ich heulte wie ein Schloßhund.

Sobald ich in meine Wohnung kam, warf ich mich auf das Sofa und begann zu weinen. Doch gleichzeitig versuchte ich den verwirrten Bushy an mich zu drücken. Er wich steif zurück und starrte mich dabei unverwandt an. Ich wußte, jetzt würde ich noch eine Zeitlang dafür büßen müssen, daß ich die Katzen alleingelassen hatte. Pancho war nicht da, doch ich hörte ihn in der Küche auf den Oberschränken herumscharren.

Ich sah, daß Tony die Post und Notizen über Anrufe auf dem langen Eßtisch aufgestapelt hatte. Offenbar hatte er ordentlich sein wollen, doch die Stöße waren umgefallen, und die Post war überall verstreut.

Sein sorgsam aufgebauter Stapel Briefe war wahrscheinlich ebenso schnell und gründlich zusammengestürzt wie meine Lösung des Mordfalls – mit derselben Leichtigkeit, mit der Miranda Bly letztere auseinandergenommen hatte.

Nicht nur, daß sich meine Falle als zwecklos, ja sogar lächerlich, erwiesen hatte – ich war im wahrsten Sinne des Wortes aus dem Haus geworfen worden. Ja, man hatte mir klargemacht, daß ich alles andere als eine begnadete Detektivin war. Aber ich weinte auch über die Scham, die ich empfand – die Demütigung. Von Anfang bis Ende war ich von diesen selbstgefälligen Musikerinnen gönnerhaft und herablassend behandelt, gerade noch geduldet oder vollkommen ignoriert worden. Sie hatten mir das Gefühl gegeben, ich wäre ein unerwünschtes Kind. Und warum? Weil *ich* keine schmutzigen Details aus dem Privatleben von Lenny Bernstein kannte. *Ich* besuchte keine Cocktailpartys mit Jamie Laredo und besaß auch keine illegal aufgenommene Musikkassette von Maria Callas. Für das Riverside Streichquartett war das ein ausreichender Grund.

Natürlich wußte ich jetzt, welchen Fehler ich begangen hatte. Jetzt war mir klar, warum alles falsch gelaufen war. Es lag an einem grundlegenden Irrtum: Ich hatte nicht kapiert, daß Mat Hazan an der Bande von Katzendieben beteiligt gewesen war; wahrscheinlich war er sogar der Kopf gewesen. Und weil ich ihn nicht in meine Überlegungen mit einbezogen hatte, war ich nie auf die Idee gekommen, daß sie sich ein so einfaches, aber überzeugendes Alibi ausdenken würden – daß er und Miranda im Haus miteinander im Bett lagen, während Will Gryder ermordet wurde.

Gefühlsmäßig wußte ich ganz genau, daß ich recht hatte – ich wußte, was passiert war. Ich hatte mit Hilfe der Informationen, die mir John Cerise geliefert hatte, sehr wohl eine plausible Erklärung gefunden. Doch die lag jetzt vollständig in Trümmern. Beth Stimson würde mich nie wieder engagieren. Sie haßte mich jetzt. Angesichts der Bedrohung durch mich hatten sich alle sechs zusammengeschlossen. Aber wahrscheinlich verhält sich jede Art von Gruppe so – sie tut genau das, was das Riverside Quartett in den Augen der Kritiker *nicht* getan hatte, weswegen sie auch kein gutes Haar an dem Ensemble gelassen hatten: zusammenspielen, zusammenhalten, geschlossen handeln.

Jetzt kam Bushy langsam und unauffällig, fast wie auf Zehenspitzen, wieder näher. Pancho steckte seinen Kopf einen Augenblick ins Wohnzimmer. »Ach, du bist also wieder zu uns zurückgekrochen«, schien er zu sagen. »Na und?« Und schon sauste er wieder los, um seine endlosen Runden zu drehen.

Da ist so viel, das ich tun sollte, dachte ich: Ich sollte Basillio anrufen und ihm sagen, daß ich früher zurückgekommen bin; ich sollte zu Mrs. Oshrin hinübergehen und mich für ihre Hilfe bedanken; ich sollte meine Agentin und diverse Kunden, bei denen ich als Catsitterin arbeitete, anrufen. Ich schneuzte mich und nahm Notizblock und Stift zur Hand. Erst jetzt ließ sich Bushy dazu herab, zu mir auf die Couch zu springen. Er nagte gerne an Radiergummis.

Als ich so mit Block und Bleistift dasaß, kam mir der Gedanke, daß ich eigentlich Ford Donaldson schreiben sollte. Aber was sollte ich ihm sagen? Tut mir leid, daß ich Ihnen nicht wie versprochen Ihren Mörder liefern konnte? Aber ich war überzeugt, daß ich das getan hatte. Tut mir leid, daß Sie sieben eisige Stunden in einem verfallenen Schuppen zubringen mußten? Tut mir leid, daß ich nicht schnell genug verstanden habe, wie fein gesponnen das Komplott war?

Nein, das würde ich nicht schreiben. Am besten, ich tat gar nichts.

Ich war vor Erschöpfung ganz benommen. Schließlich war ich die ganze Nacht aufgewesen und die ganzen frühen Morgenstunden durchgefahren. Während ich Bushy den Hals kraulte, schlief ich ein.

»Was ist denn hier *los*, Schwedenmädel?«

Ich blickte in Tony Basillios grinsendes Gesicht.

»Hören Sie zu, Madam, ich bin nur engagiert worden, zwei Katzen zu füttern, nur zwei. Ich komme in bester Absicht hierher, um meinen Auftrag zu erledigen, und was finde ich hier? Also, tut mir leid, Schwedenmädel, aber mein Auftrag ist eindeutig – *zwei* Katzen.«

Noch immer benommen, spürte ich, wie mich Tony auf die Stirn küßte. Dann half er mir beim Aufsetzen, drückte mir eine Tasse schwarzen Kaffee in die Hand und trat einen Schritt zurück.

»Wie spät ist es, Basillio?«

»Ein Uhr nachmittags. Bist du jetzt wieder zurück, oder holst du dir bloß frische warme Unterwäsche?«

»Oh, ich bin wieder zurück. Und wie. Man hat mich aus Massachusetts hinausgeworfen.«

Ich trank einen Schluck Kaffee. Mein Kopf und mein ganzer Körper waren ein einziger dumpfer Schmerz. Ich brauchte dringend ein Bad. Und ich war am Verhungern.

Als ich ausgetrunken hatte, gab ich ihm die Tasse zurück. »Wie sieht es mit deinen Finanzen aus, Tony?«

»Relativ gut – hundertfünfunddreißig Dollar, in bar.«

»Weißt du, was ich gerne hätte? Ich hätte gerne ein Glas Rotwein und den allergrößten Hamburger in der ganzen Stadt – mit Tomaten und Zwiebeln ... und ohne Brötchen.«

»Es gehört dir. Reich mir die Hand fürs Leben. Laß uns von dannen ziehn.«

»Wenn ich gebadet habe«, sagte ich. »Kannst du die Katzen für mich füttern?«

Kaum eine Stunde später saßen wir in einem passablen Grillrestaurant in der Second Avenue. Ich sprach dem Rotwein herzhaft zu und wartete auf den Hamburger.

»Mann, siehst du aber unglücklich aus«, sagte Tony.

»Bin ich auch.«

»Warum erzählst du Onkel Tony nicht, was da oben passiert ist?«

Ich glaube, genau das brauchte ich. Ich erzählte, was von dem Augenblick an geschehen war, als ich das Auto gemietet und mich in den Stau am Taconic Parkway eingereiht hatte, bis zu dem Moment, in dem ich heute morgen schluchzend auf meinem Sofa gelandet war. Und ich ging so in meiner Geschichte auf, daß am Ende mein Essen – es war serviert worden, als mir Mrs. Wallace gerade ihre englischen *Muffins* aufdrängte – kalt war. Ich stocherte am Rand des Hamburgers herum.

Tony sah mich seltsam an. »Beunruhigt dich irgend etwas, Basillio?« fragte ich.

»Nun, ›beunruhigen‹ ist nicht ganz das richtige Wort. Aber ... na ja, ich dachte gerade ... ist es nicht möglich, daß Miranda ihrer Freundin gegenüber *wirklich* Schuldgefühle verspürte und ihr diese Halskette schicken wollte?«

»Alles ist möglich, Tony – theoretisch.«

»Sei mir bitte nicht böse, aber ich will damit sagen – dein ganzer Ausflug nach Massachusetts kommt mir so abwegig vor.«

»Abwegig? Was für eine interessante Wortwahl. Was genau findest du daran so abwegig?«

»Ehrlich gesagt, alles ... die ganze Chose. Gestohlene schottische Katzen. Der Roman. Tante Bessie, oder wie immer sie angeblich hieß – die es in Wirklichkeit gar nicht gibt. Das ganze Milieu ist, sagen wir mal, sehr unglaubhaft.«

»Was soll das heißen, Tony? Daß nichts von dem, was ich dir geschildert habe, wirklich passiert ist? Daß es in der realen Welt nicht existiert hat?«

»Nein, natürlich nicht. Ich will nur –«

»Hör mal, versuche nicht, es ... zu bewerten ... wie

jemanden, der auf der Bühne *ehrlich* sein will. Oder, in deinem Fall, wie ein Bühnen*bild*. Das war kein starres Standbild.«

»Okay. Ich sage nur, es ist schwer zu glauben, daß die Mitglieder des Riverside Quartetts – mein Gott, das sind doch ernsthafte, gutausgebildete Musikerinnen – allesamt so böse sein sollen. Nein, ›böse‹ ist nicht das richtige Wort. Ich meine, daß sie Verschwörerinnen sein sollen. So, wie du es erzählst, klingt es, als wärst du in ein Rudel beutegieriger Löwinnen geraten.«

Ich schob den Teller weg, von dem ich nur die matschige, blasse Tomate gegessen hatte. Das Bild, das Tony verwendet hatte, rührte an etwas. Anfangs hatte ich die Mitglieder des Quartetts und die Männer in ihrem Umkreis nicht als wilde Löwen gesehen, weil sich das, was zwischen ihnen vorging, intern, im Verborgenen abspielte. Erst wenn man eine Zeitlang mit ihnen zusammen war, erst wenn man sich ihnen – aus welchem Grund auch immer – geöffnet hatte, spürte man, daß sie alle miteinander von Natur aus Raubtiere waren. Und deshalb hatte mich die ganze Geschichte wahrscheinlich auch so erschöpft und überfordert.

»He, hör mal, Schwedenmädel«, sagte er und strich sich mit beiden Händen das lange schwarze Haar zurück, »es klappt halt nicht immer. Was ist denn daran so lustig?«

»Nichts. Nur, daß mir Ford Donaldson mit einem sehr ähnlichen Klischee gekommen ist. ›Man kann nicht immer Glück haben‹, hat er gesagt. Und jetzt sagst du mir, es klappt halt nicht immer.«

»Warum glaubst du, werden diese Sprüche ›Klischees‹ genannt? Weil sie sehr oft verwendet werden.«

»Hmm. Du sprichst ein kühnes Wort gelassen aus«,

antwortete ich, ohne zu wissen, was ich eigentlich damit meinte. Mein Gott, ich mußte wirklich müde sein, wenn ich nach einem Glas kalifornischen Rotweins schon so dämlich war. Ich bestellte noch eines.

»Du hättest mich mitnehmen sollen«, sagte Tony.

»Warum?«

»Weil ich total unmusikalisch bin. Ich wäre objektiver gewesen.«

Das war natürlich lächerlich, fand ich.

Nun, auf jeden Fall war es schön, wieder zu Hause zu sein.

19

Ich hatte schon immer eine Schwäche für den Ausdruck »wieder in seinen vertrauten Rhythmus verfallen«. Es läßt sich nicht genau erklären, was damit gemeint ist, aber man weiß immer, ob man es geschafft hat oder nicht.

Nach meiner Rückkehr aus dem Kunstzentrum Covington dauerte es etwa eine Woche, bis mein Lebensrhythmus wieder halbwegs dem ähnelte, der mir vertraut war.

Es dauerte zwei Wochen, bis ich es schaffte, nicht ständig über die Sachen nachzudenken, die ich in Will Gryders Zimmer gefunden hatte – die alten Fotos, die vergilbten Katzenstammbäume, die Diskette – und sie nicht mehr verwirrt und wehmütig immer wieder zu untersuchen. Hatte ich mich im Hinblick auf diesen Fall wirklich geirrt? War meine Auslegung der Tatsachen »abwegig«? Und was sollte ich jetzt mit den Sachen tun – sie an Wills Schwester schicken?

Am Ende der dritten Woche war die Erinnerung an

das Riverside Streichquartett wie die Erinnerung an Zahnweh. Ich sprach nicht mehr von ihnen, machte mir ihretwegen keine Sorgen mehr, und wenn ich an sie dachte, war ich nur froh und dankbar, daß der dumpfe, pochende Schmerz endlich vorbei war.

Tony jedoch war wie besessen von einem Detail der Geschichte: daß Lulu unfähig gewesen war, Mäuse zu jagen. Zum hundertsten Mal fragte er mich: »Warum hat sie keine Mäuse gejagt, Schwedenmädel? Hast du dir je überlegt, warum?«

Nein, mußte ich wieder sagen. Hatte ich nicht.

Er meinte, vielleicht sei der Hund blind, vielleicht hätte er den Geruchssinn verloren. Ich erinnerte ihn daran, daß Lulu eine Katze war, kein Hund. Er erwiderte, das wisse er; ihm gefiele nur der alte ländliche Ausdruck »Aus dem wird nie ein Jagdhund« so gut, daß er ihn auf Katzen und Menschen und Elefanten anwende. Das mysteriöse Rätsel, warum Lulu keine Mäuse fangen wollte, versetzte Basillio regelrecht in geistige Verwirrung. Er begann zu verlangen, daß ich ihn bei mir einziehen ließe; er jammerte, daß er genug habe von gelegentlichem Sex und gelegentlicher Intimität; er sagte, die Tatsache, daß ich ihm gegenüber zwischendurch immer wieder so kalt sei, sei der wirkliche Grund dafür, daß sein Comeback als Bühnenbildner ein so spektakulärer Mißerfolg gewesen war – sogar für ihn, einen Mann, der Fehlschläge geradezu leidenschaftlich kultiviere.

Tonys unverständliche Ausbrüche waren ein wesentlicher Bestandteil des vertrauten Rhythmus, in den ich wieder verfiel.

Und dann, etwa eine Woche vor Thanksgiving, brach der Rhythmus zusammen.

An jenem kalten Dienstagmorgen läutete das Telefon. Ich hob ab und war überrascht über die Stimme, die sich am anderen Ende meldete.

»Hallo, Alice! Hier ist Leo Trilby.«

Warum rief mich bloß der Regisseur von *Das Tier im Dschungel* an? Wir waren keineswegs befreundet. Wir hatten nicht einmal gut zusammenarbeiten können – weder während der Proben noch während der Laufzeit –, wenn man die jämmerlichen paar Aufführungen eine »Laufzeit« nennen konnte.

»Hören Sie, Alice, ich bin heute nachmittag in Ihrer Gegend. Kennen Sie dieses italienische Restaurant Ecke Twenty-ninth und Third? Treffen wir uns doch dort – so um drei herum. Ich dachte, ich könnte Sie auf einen Capuccino einladen.«

Ich schwieg.

»Sie mögen doch Capuccino, oder? Und Käsekuchen?«

Ich wußte nicht, was ich sagen sollte. Ich mochte beides sehr gerne.

»Ich dachte, vielleicht sollte ich mit Ihnen die Friedenspfeife rauchen«, sagte Leo zur Begrüßung. Er erwartete mich an einem der kleinen, runden Tische, angespannt und überaktiv wie immer. Leo Trilby war eigentlich kaum über Dreißig, hatte sich aber eine affektierte ›britische‹ Art zugelegt, durch die er viel älter wirkte. Zweifellos hatte er sich sein manieriertes Gehabe während seiner Studienzeit in Oxford angewöhnt. Aber er war wirklich recht brillant; sein Geist sprühte ständig vor Theorien und vollführte so schnelle Sprünge, daß seine Regieanweisungen völlig unverständlich waren.

Kaum hatte ich mich gesetzt, begann er auch schon

zu reden. »Es war nicht Ihre Schuld, wissen Sie, aber meine war es auch nicht. Man sollte einfach nicht versuchen, Henry James zu modernisieren. Aber das war der Fehler des Stückeschreibers, nicht wahr? Ich meine – du liebe Güte! Er, das heißt, James, war ja für seine Zeit recht modern. Aber man kann aus seinen Einsichten keine Weisheiten für die neunziger Jahre machen, nicht wahr? Sind Sie da meiner Meinung, Alice?«

»Ach, ich weiß nicht, Leo.«

Er beugte sich zu mir. Er war ein kleiner, kräftig gebauter Mann, und er trug einen Rollkragenpullover, der seine äußerliche Ähnlichkeit mit dem jungen Norman Mailer noch betonte. Er hatte grobe Gesichtszüge, dichtes, schwarzes, schlecht geschnittenes Haar, buschige Augenbrauen und tiefliegende Augen, die ständig herumschweiften.

»Leute wie wir haben es so schrecklich schwer in diesem Geschäft, nicht wahr?« sagte er.

»Das stimmt, Leo«, sagte ich und widmete mich genüßlich dem nicht zu süßen Käsekuchen, der die Spezialität des Cafés war.

»Ich meine, es fiele einem wirklich schwer, eine bessere Schauspielerin in Ihrer Altersklasse zu finden, Alice. Und was hat es Ihnen gebracht? Sind Sie eine Streep? Sind Sie eine Close? Oder auch nur eine Cher? Nein. Und Sie werden es auch nie sein, meine Liebe. Was mich anlangt, ich bin gut – verdammt gut. Das wissen wir beide. Aber ich schaffe einfach nicht den Anschluß an das große Geld. Das Geld, das Geld, das Geld! Die Leute mit Geld werden mich immer als *Enfant terrible* betrachten, das ich überhaupt nicht bin. Ich habe nur einfach meine Prinzipien.«

Leo lehnte sich zurück und atmete kräftig aus. Er

zündete sich eine Zigarette an und drückte sie sofort wieder aus.

»Ich habe Ihnen das Leben schwergemacht, Alice, verzeihen Sie mir. Ich möchte Ihr Freund sein. Ich möchte Ihr Kollege sein. Und das eine sage ich Ihnen, es wird die Zeit kommen. Irgendwann einmal werden wir wieder zusammen sein – ich weiß es. Irgendwann muß sich das Rad einfach in unsere Richtung drehen. In unserem Geschäft passiert immer irgend etwas, Alice.«

Ich wußte nicht recht, wovon er eigentlich sprach. Doch ich nickte vollkommen verständnisinnig und pickte mit meiner Gabel die Kuchenkrümel auf.

»Ja, das Rad dreht sich immer weiter«, wiederholte er. Und dann nahm er, wie um seine Meinung zu untermauern, seine zusammengefaltete *New York Times* und wedelte damit unter meiner Nase herum. »Haben Sie diese unglaubliche Meldung gelesen? Sie wollen *sechs Millionen Dollar* für dieses schwachsinnige Musical aus England ausgeben!« Leo knallte mir die Zeitung hin. Sie war auf der Kulturseite aufgeschlagen.

Ich las nur ein paar Sätze des Artikels über ein aufsehenerregendes neues Musical nach einem Roman von Jane Austen, das demnächst nach Amerika kommen sollte. Ich las nicht weiter, weil ich die fettgedruckte Schlagzeile über einem anderen, kürzeren Artikel sah: RIVERSIDE STREICHQUARTETT LÖST SICH AUF.

Die Geschichte war einfach. Das Riverside Streichquartett, das erste und berühmteste rein weibliche Kammermusik-Ensemble, hatte bekanntgegeben, daß es sich nach beinahe zwanzig Jahren aufgrund persönlicher Schwierigkeiten und beruflicher Differenzen unter den Mitgliedern auflöste. Es folgten Ausführungen über die Geschichte des Ensembles, die erfolgreichsten Tourneen und Schallplattenaufnahmen und die begeisterten Kritiken, die die Frauen im Laufe der Jahre bekommen hatten.

Im letzten Absatz stand, daß Mathew Hazan, der langjährige Manager und Agent des Quartetts, bald eine hochrangige Stelle in der Verwaltung des prestigeträchtigen John F. Kennedy Center in Washington antreten werde.

Wie benommen starrte ich auf den Artikel. Leos Mund bewegte sich ununterbrochen. Ich hörte kein Wort.

Wie hatte das passieren können? Ich wußte, daß das Ensemble sich nach Covington zurückgezogen hatte, weil seine Auftritte in Europa so schlecht angekommen waren. Ich wußte, daß der Tod von Will Gryder die vier Frauen sowohl als Ensemble als auch als Einzelpersonen tief getroffen hatte. Aber das Quartett nach all den Jahren aufzulösen? Das ergab keinen Sinn ... es sei denn ... es sei denn, meine erfolglose Falle hatte mindestens zwei der Mitglieder in Angst und Schrecken versetzt. Es sei denn, das, was ihnen Miranda Bly nach meiner Abreise zweifellos erzählt hatte, hatte ihnen eine furchtbare Angst eingejagt.

Aber das mußte Hazans Werk sein. *Er* war das wilde Tier in diesem Dschungel. Und er war nicht nur ungeschoren davongekommen, jetzt löste er auch noch das Quartett auf und würde demnächst einen überaus lukrativen und begehrten Job antreten. Der Mann war nicht besser als eine Kanalratte.

Leo redete und redete. Jetzt konnte ich ihn wieder hören. Er sagte, er müsse jetzt gehen, doch er würde mich bald wiedersehen und mit mir arbeiten – schon der Gedanke daran sei für ihn aufbauend und aufregend, sagte er.

Und dann war er weg, und ich saß allein am Tisch. Die *Times* hatte er mitgenommen. Mein Zorn wuchs und drohte mich zu ersticken. Es war, als wenn man in ein zu enges Kleid gezwängt wird. Ich würde nicht zulassen, daß Mat Hazan damit durchkam! Ich konnte nicht dasitzen und zusehen, als er einfach weitermachte – wie der aalglatte Boß einer Schallplattenfirma, der von einer Firma zur nächsten überwechselt. Nicht, wenn er eine Spur von Mord und Betrug hinterließ.

Ich beschloß, diesen Fall aufzuklären, koste es, was es wolle.

Der Kellner war ein netter junger Mann namens Lucky. Er stellte mir noch einen zweiten Capuccino hin. Er war gratis, das wußte ich. Aber ich war zu zornig, ihn zu trinken.

20

»Wie spät ist es, Bushy?«

Der Kater gab mir keine Antwort, also zog ich ihn sanft am Schwanz. Er *haßt* das.

»Ha, ha«, sagte ich und küßte ihn auf die Nase. Dann stand ich auf, um mir noch eine Tasse Kaffee zu holen.

»Warum zum Teufel fragst du den Kater, wie spät es ist?« schrie Tony in die Küche. »Hat er eine Uhr? Häh? Es ist zehn Uhr. Weißt du, wo deine andere Katze ist?«

Ich setzte mich auf meinen gewohnten Platz auf dem Teppich, neben Bushy. Zu meinen Füßen waren die Dinge aufgereiht, die ich aus Covington mitgebracht hatte: die Diskette, die Fotos, die Stammbäume, Wills

Notizen für seinen Schlüsselroman. Für mich waren diese Dinge jetzt zu einer Art Totem geworden.

»Willst du meine Meinung über dein Treffen mit Leo wissen?« fragte Tony vielsagend. »Er hat gehört, daß du für eine große Rolle im Gespräch bist. Und er will dabeisein. Nicht wieder eine von diesen Off-off-Broadway-Produktionen. Ich meine eine wirklich bedeutende Sache.«

Ich nickte nur. Ich hatte keine Ahnung, ob Tonys Spekulationen in irgendeiner Weise berechtigt waren. Aber was immer Leo Trilby vorhatte, es interessierte mich nicht im geringsten.

Tony kam zu mir und starrte auf die Sachen auf dem Boden. »Übrigens, ist das nicht verboten? Du hast Beweismittel bei einem Mordfall gestohlen.«

»Falsch!« fauchte ich. »Erstens habe ich die Beweisstücke *gefunden*, nicht gestohlen. Und zweitens glaubt Donaldson nicht, daß sie irgendeine Bedeutung haben. Er hält sie nicht mal für Beweisstücke. Also haben sie, zumindest solange sie in meinem Besitz sind, Angst.«

»O ja. Sie zittern schon am ganzen Körper.«

»Lach nur nicht zu früh. Ich verspreche dir, Mathew Hazan wird bald wirklich zittern. Ich werde ihn kriegen!«

»Warum läßt du es nicht sein, Mädchen? Was interessiert es dich, ob sich das Riverside Quartett auflöst? Woher nimmst du diese Selbstgerechtigkeit?«

»Ich bin nicht selbstgerecht, Basillio. Ich nehme es nur zufällig mit der Gerechtigkeit sehr ernst.«

»Oho! Spielen wir da nicht ein wenig den Messias?«

»Basillio, *du* hast nicht diesen Meißel in Wills Brust gesehen. Und das schreckliche Blut. Ich schon.«

»Das weiß ich. Aber zuerst regt dich die Auflösung des Ensembles so auf. Dann dieser abscheuliche Manager. Und jetzt ist es die furchtbare Erinnerung an die Entdeckung der Leiche – und der Gedanke, daß der Täter der Gerechtigkeit entgangen ist. Wo man hinsieht, lauter verschiedene Gründe, Miss Nestleton. Du bist dir wohl selbst nicht im klaren!«

»Ach, nein? Dann schau mal zu, wie ich mir klar werde!« knurrte ich und ging zum Telefon.

»Was machst du?«

»Ich rufe Beth Stimson an«, sagte ich.

»Warum?«

»Weil ich sie dazu bringen muß, mir zuzuhören. Ich muß erklären, warum ich mich so verhalten habe. Und sie bitten, mir zu helfen, die Ermittlungen fortzuführen. Sie davon überzeugen, daß Mathew Hazan und seine Handlangerin Miranda Mörder sind.«

Eigentlich erwartete ich, daß sich der Anrufbeantworter melden würde. Aber Beth hob selbst ab.

»Beth, hier ist Alice Nestle-«

Der Hörer wurde wütend auf die Gabel geknallt.

»Schlechte Verbindung?« fragte Tony heuchlerisch.

»Sie hat aufgelegt.« Ich wählte die Nummer noch einmal. Sobald sie abhob, begann ich verzweifelt zu sprechen. »Bitte, Beth, lassen Sie mich -« Doch die Leitung war schon wieder unterbrochen. Es war sinnlos.

»Eines habe ich schon immer über dich gesagt, Schwedenmädel. Du hast ein Talent, dir, wo immer du hinkommst, Freunde zu machen.«

»Wenn Witzeleien alles sind, was du kannst, Tony, dann kannst du gleich verschwinden.«

Er warf die Arme hoch. »Ich habe eine bessere Idee«, sagte er resigniert. »Ich mache lieber Spaghetti.«

Ich achtete nicht besonders auf ihn. Meine Gedanken waren woanders.

»Wie wäre das, Schwedenmädel? Hast du Hunger?«

»Was immer«, murmelte ich. Er verschwand in die Küche, gefolgt von Bushy.

Es war offensichtlich, daß Beth mir nicht zuhören würde. Was jetzt? Wie nimmt man eine eiskalte Fährte wieder auf? Etwas fiel mir schon ein: wieder John Cerise anrufen. Er hatte mir zuverlässige Informationen über den Diebstahl der Scottish-Fold-Katzen in den siebziger Jahren geliefert. Vielleicht war da noch mehr drin. Vielleicht wußte John mehr, oder er kannte jemanden, der mehr wußte.

Ich rief ihn an, und *er* schien sich zu freuen, meine Stimme zu hören – eine wohltuende Abwechslung.

»Haben Ihnen meine Informationen geholfen?« fragte er.

»Sehr, John – aber ich brauche noch mehr.«

Er lachte leise. »Alice, ich finde manchmal, Sie haben was von einer Katze. Sie kriegen nie genug.«

»Ich weiß, daß ich Sie schrecklich bedränge. Und ich werde mich auch bald bei Ihnen revanchieren. Aber ich muß mich mit den Leuten, deren Würfe gestohlen wurden, in Verbindung setzen. Oder mit irgendwem, der direkt damit zu tun hatte: Tierärzte, Käufer, Züchter. Irgend jemand. Ich brauche Namen und Adressen und Telefonnummern, John.«

Es entstand eine lange Pause, und ich hörte, wie er tief Luft holte. Ich überlegte, ob vielleicht jemand bei ihm war.

»Lieber John, kommt mein Anruf vielleicht ungelegen? Ich denke, es hätte auch bis morgen früh Zeit.«

»Nein, nein. Das ist es nicht. Ich war nur erstaunt.

Wissen Sie, diese Informationen, die ich für Sie aufgetrieben habe ... Nun, Sie dürfen nicht vergessen, daß diese Dinge vor zwanzig Jahren passiert sind, Alice. Ich habe keine Ahnung, wo all diese Leute heute sind oder ob sie überhaupt noch am Leben sind. Aber ich glaube, ich könnte es versuchen, wenn Sie mir ein paar Tage Zeit geben. Okay? Ich werde sehen, was ich herausbekommen kann.«

»Danke, John, vielen herzlichen Dank.« Wir plauderten noch ein wenig und verabschiedeten uns dann.

Ich begann auf und ab zu gehen. Angesichts seiner Einwände hatte ich wenig Vertrauen, daß es John schaffen würde, die Namen und Telefonnummern aufzutreiben. Und ich hatte keine Zeit! In Neuengland hatte ich nicht gemerkt, wie schnell die Zeit verging, aber seit dem Augenblick, als ich den Artikel in der *Times* über die Auflösung des Riverside Quartetts und Hazans neuen Job gelesen hatte, konnte ich an nichts anderes denken, als daran, daß die Zeit nur so dahinflog. Es mußte schnell gehen – *jetzt* – oder gar nicht.

Eigentlich hatte ich nichts als die Katzendiebstähle in den siebziger Jahren. Darauf mußte ich mich konzentrieren. Es mußte irgendeine Spur geben, die ich verfolgen konnte. Es mußte noch eine andere Informationsquelle geben als John Cerise.

Ich ging weiterhin auf und ab. Zuerst kam Bushy herein, um mir zuzusehen. Und dann Tony.

»Wenn du so weitermachst, solltest du dir Turnschuhe anziehen.« Tony hielt ein paar ungeschälte Knoblauchzehen in der Hand.

»Ich habe noch nicht mal richtig *angefangen*, herumzulaufen, Tony. Wenn ich wirklich loslege, marschiere ich auch durch den Flur und das Schlafzimmer.«

»Nun, es kann nie schaden, wenn man seinen Horizont erweitert.«

Diese Bemerkung war schon ein wenig komisch, aber ich lachte nicht. Und zwar deswegen, weil sie mich auf eine Möglichkeit brachte. Was war, wenn Miranda und Roz *ihren* Horizont erweitert hatten? Wenn ihre Bande von Katzendieben in Wirklichkeit eine große Organisation war, die auch außerhalb von New York tätig war?

Und vielleicht hatten die Diebstähle nicht deshalb aufgehört, weil sie ihr finanzielles Ziel erreicht hatten, sondern weil sie geschnappt – oder zumindest von der Polizei verdächtigt worden waren? Und überhaupt – wenn sie Katzen stahlen, warum dann nicht auch etwas anderes? Vielleicht war eine von ihnen, oder auch beide, früher schon einmal verhaftet worden.

Wenn das zutraf, dann gab es gewiß irgendwo Unterlagen darüber.

»Wen rufst du denn jetzt an?«

»Erinnerst du dich an Detective Rothwax? Meinen alten Kollegen von der Polizei?«

»Ich kann mich noch gut an ihn erinnern«, sagte Tony düster und ging zurück in die Küche.

Rothwax wirkte nicht gerade begeistert, meine Stimme zu hören. Doch zum Glück traf auf ihn das Sprichwort von den Hunden, die bellen, aber nicht beißen, zu.

»Also, da soll mich doch gleich …«, sagte er. »Die Katzenfrau. Sie stecken doch nicht in Schwierigkeiten?«

Als er mich zum ersten Mal so genannt hatte – während meiner sehr kurzen Tätigkeit als Beraterin für RETRO, eine Sondereinheit der New Yorker Polizei –, hatte mich das wütend gemacht. Er schien damals ein Talent dafür zu haben, mich in Wut zu bringen. Aber schließlich waren wir gute Freunde geworden, und er hatte mir schon oft geholfen.

»Detective Rothwax, ich brauche wieder einmal Ihren tollen kleinen Computer.«

»Und was gibt es sonst Neues?« sagte er. »Ich habe nicht angenommen, daß Sie anrufen, um sich nach meinen Goldfischen zu erkundigen.«

»Im Ernst, können Sie mir helfen?«

»Wen wollen Sie diesmal überprüfen lassen?«

»Vier Frauen.«

»Was für eine Art Unrat suchen wir?«

»Verhaftungsunterlagen. Es handelt sich um Musikerinnen, die einem ziemlich berühmten klassischen Kammermusik-Ensemble angehören.«

»So eine wie Sie gibt's kein zweites Mal, Katzenfrau. Kein zweites Mal.«

Ich buchstabierte ihm ihre Namen und gab ihm die paar belanglosen Fakten, die ich über jede von ihnen hatte. Natürlich beschränkte sich das ungefähr darauf, daß ich wußte, daß Beth Stimson aus Denver stammte und Roz mit einem erfolgreichen Geschäftsmann verheiratet war.

»Glauben Sie, daß Sie mir schon morgen etwas sagen können?« fragte ich. »Ich könnte Sie bei RETRO treffen.« Ich hoffte, daß mein Tonfall vermittelte, wie dringend es war.

»Klar. Warum nicht? Wenn sie mir wegen unbefugter Benutzung des Computers Handschellen anlegen, können Sie mich ja zum Gefängniseingang begleiten.«

»Vielen Dank, Detective.«

»Gern geschehen, Katzenfrau, gern geschehen.«

Im Augenblick hatte ich getan, was ich konnte. Jetzt mußte ich bis morgen warten.

Es wurde eine lange Nacht. Ich konnte nicht schlafen. Tony verschrieb mir ein altbewährtes Mittel dagegen – Liebe. Ich sagte, ich müsse passen, ich hätte einfach keine Lust. Doch ich wollte auch nicht, daß er ging. Also landete er schließlich in meinem Bett. Ich landete auf dem Sofa. Und die Katzen, auf deren Rükken das alles ausgetragen wurde, wanderten die ganze Nacht von einem Zimmer ins andere.

Ich dachte, der Morgen würde nie kommen. Aber natürlich kam er, und Basillio und ich gingen frühstükken. Ich bestellte pochierte Eier auf Vollkorntoast mit Butter, er Eierkuchen und Speck; er begann einen kleinen Streit, weil ich mich weigerte, ihm eines meiner Eier für seine Eierkuchen zu spendieren. Als wir in die Wohnung zurückkamen, starrten wir einander eine halbe Stunde lang finster an. Ich schrieb es der sexuellen Spannung zu.

Um elf ging ich weg. Ich ging den langen, kalten Weg hinunter zur Centre Street zu Fuß. Ich kam zehn Minuten zu spät – im letzten Augenblick hatte mich ein Anruf aufgehalten –, und Rothwax stand hinter der Würstchenbude, hinter der wir uns immer treffen, wenn wir uns treffen. Er aß sein Würstchen und schimpfte aufgebracht los.

»Das mindeste, was Sie tun können, ist, pünktlich sein, Katzenfrau.«

»Es tut mir wirklich leid, Rothwax. Ich habe letzte Nacht kein Auge zugetan, und ich glaube, ich bin ... Es läuft nicht allzu gut mit dem Mann, mit dem ich ... Die Ampeln waren alle rot.«

Er seufzte müde, was bedeutete, daß er mir verzieh.

»Was haben Sie für mich?« fragte ich.

»Nichts sehr Interessantes. Drei von ihnen sind überhaupt nur im Computer vorhanden, weil sie einen Führerschein haben und Steuern zahlen.«

»Aber gegen eine liegt etwas vor«, frohlockte ich triumphierend, »und zwar gegen Miranda Bly!«

»Nein. Weit gefehlt, Katzenfrau. Die einzige, die je mit der Polizei zu tun hatte, ist Elizabeth Stimson.«

»*Beth?*«

»Stimmt. 1974 in Southampton, Long Island eine Verhaftung wegen Prostitution.«

»Das muß ein Witz sein!«

»Computer machen keine Witze, Katzenfrau. Die Anklage wurde fallengelassen. Sie zahlte fünfundzwanzig Dollar Strafe wegen Erregung öffentlichen Ärgernisses. Ende.« Rothwax lachte mich aus. »Machen Sie den Mund zu, Alice. Sonst verschlucken Sie noch eine Mücke.«

Als ich mich von den Neuigkeiten über Beth erholt hatte, wollte ich ihn auf seinen Hot dog einladen.

»Nein«, sagte er. »Sie sind mir was schuldig, das stimmt. Aber nicht jetzt.« Und dann marschierte er davon.

Aber ich rührte mich nicht von der Stelle. Ich stand da wie versteinert und hatte das Gefühl, zu dumm zu sein, um mich vor dem Regen zu schützen, der vom Fluß hergezogen war und auf mich herunterprasselte.

21

Wir hingen auf dem endlosen Stück Autobahn wie die Fliege im Netz im dichtesten Verkehr fest. Wir fuhren in einem Wagen, den sich Tony von seinem Freund Greg Roman ausgeborgt hatte, und die kräftige Wintersonne schien uns direkt in die Augen.

Basillio zerrte heftig an seinem Krawattenknoten. »Genau aus diesem Grund geben alle Väter ihren Söhnen zwei bewährte Ratschläge«, sagte Tony. »Erstens: Bestell dir in einem Restaurant niemals Chili. Und zweitens: Fahre *niemals* auf den Long Island Expressway.«

Ich hörte Tonys Gejammere nur mit halbem Ohr zu und starrte auf das zwanzig Jahre alte Foto von Beth Stimson, das bei den mysteriösen Gegenständen gewesen war, die ich in Will Gryders Zimmer in Covington gefunden hatte.

Tony murrte weiter: »Ich verstehe das nicht! Um diese Zeit sollten wir überhaupt keinen Verkehr haben. Wir fahren zur richtigen Zeit in die falsche Richtung. So früh am Morgenn sollten die Leute eigentlich *in* die Stadt *hinein*fahren und nicht ans östliche Ende von Long Island.«

»Wo sind wir jetzt?« fragte ich schließlich.

»Noch immer auf der Nassau-Suffolk-Autobahn. Route 110. Wir haben noch mindestens fünfundvierzig Minuten auf dieser Straße vor uns.«

»Oh. Tut mir leid, daß wir im Stau stecken, aber ich danke dir, daß du mir hilfst, Tony. Wirklich. Ich fürchte, ich habe dich in letzter Zeit etwas mißachtet.«

»Miß-achtet«, wiederholte er in einem Tonfall und mit einem Lächeln wie Jack Nicholson. »Was für ein schönes Wort du da verwendet hast.« Er beugte sich zu mir und gab mir einen Kuß, wobei ihm sein Anzug und die Krawatte offensichtlich hinderlich waren.

Wir trugen beide »Yuppie-Klamotten«, wie Tony es genannt hatte. Ich hatte mir Mrs. Oshrins Pelzjacke ausgeborgt; darunter trug ich eines von diesen Wall-Street-Kostümen mit weißer Seidenbluse und Kordel statt Krawatte. Ich hatte es im Jahr 1984 in einem Diskontladen gekauft und erst ein einziges Mal angehabt: Damals hatte ich das verzweifelte Gefühl gehabt, von der Schauspielerei niemals halbwegs gut leben zu können und mich um einen Job als Leiterin der Schauspielabteilung an einer teuren und sehr künstlerisch orientierten Mädchenschule im Norden von New York beworben. Ich hatte den Posten nicht bekommen.

Das Auto bewegte sich ein paar Zentimeter vorwärts.

»Vielleicht«, überlegte Tony, »fahren all diese Leute hinaus nach Long Island, um ihre Truthähne für Thanksgiving zu kaufen.«

»Auf Long Island züchten sie Enten, Tony, keine Truthähne. Und ich glaube, Entenfarmen gibt es auch nicht mehr viele.«

»Nun, vielleicht sind sie auf dem Weg in ihre Sommerhäuser in den Hamptons.«

»Es ist November, Basillio! November!«

Da sah ich den ganz leisen Hauch eines Lächels auf seinen Lippen. So war ich – die gute, alte, leichtgläubige Alice. Die jederzeit bereitwillig auf Basillios Köder anbiß und auf seine dummen Witzchen hereinfiel.

Schließlich wurde der Verkehr langsam schwächer. Tony brachte den Wagen auf die Überholspur, und wir fuhren los.

»Also, vergiß nicht, wer wir sind«, ermahnte ich ihn.

»Wie zum Teufel kann ich vergessen, wer wir sind?« sagte er indigniert. »Du bist die beste unbeschäftigte Schauspielerin von New York. Und ich bin der Mann ohne Familie, ohne festen Wohnsitz und ohne Zukunft. Und wie du mir, glaube ich, bestätigen wirst, ist meine Geschichte die traurigere. Es gibt zumindest einige Leute, die wissen, wie gut du bist. Aber sag mir, wann du zum letzten Mal auf der Straße gehört hast, daß Tony Basillio der phantasievollste, schockierendste lebende Bühnenbildner ist?«

Ich ließ ihn weiterplappern. Eine Zeitlang. »Ich habe gemeint, wer wir auf unserem kleinen Ausflug heute sind, Basillio – *heute*.«

»Ach, das. Ja, ich weiß, wer wir sind. Wir schreiben für eine Sonntagsbeilage einen Artikel über Sex und Sünde in den Hamptons. Sie erscheint demnächst in dieser nicht-existenten kleinen Zeitung, für die wir arbeiten: dem *Nimmerland-Tagblatt*.«

»Nicht ganz. In der *Manhattan-Rundschau*.«

»Und wie toll die ist.«

»Fahr langsamer, Tony. Wir sind da.«

Wir verließen den Expressway und nahmen den Old Montauk Highway nach Southampton. Wie bezaubernd die Stadt an diesem frühwinterlichen Morgen aussah, ein wahres Juwel, das nach vornehmem, unaufdringlichem Geld roch. Und es gab jede Menge Parkplätze, was Tony noch mehr zu begeistern schien als die Stadt selbst. Die Geschäfte wurden gerade geöffnet. Wir stiegen aus dem Auto und gingen in ein kleines Café an der Hauptstraße.

»Was jetzt?« fragte Tony, als wir unser Mahl beendet hatten.

»Folge mir«, sagte ich.

Wir gingen einen langen Häuserblock entlang zu einem viktorianischen Gebäude aus roten Ziegeln, das die Bücherei von Southampton beherbergte. Direkt daneben war ein Museum, in dessen Hof Skulpturen ausgestellt waren.

Die Büchereiangestellte reagierte überaus zuvorkommend und professionell, als ich ihr erklärte, daß ich die Ausgaben der Lokalzeitungen vom Frühjahr oder Spätwinter 1974 brauchte.

Sie teilte mir mit, daß in der Bücherei Lokalzeitungen nur etwa eine Woche lang aufbewahrt wurden. Sie hatten überhaupt kein Zeitungsarchiv. Da die Informationen, die ich brauchte, aus dem Jahr 1974 stammten, schlug sie vor, ich solle zum Redaktionsbüro des *Southampton Star* gehen, denn dieser sei 1974 die einzige nennenswerte Zeitung in der Gegend gewesen war.

Die Redaktion war nicht weit von der Bücherei entfernt – bescheidene Räumlichkeiten über einem Kleidergeschäft. Ein dünner kleiner Mann in einem roten Pullover mit V-Ausschnitt hörte mir geduldig zu und teilte mir dann mit, daß sie zwar alte Ausgaben archivierten, aber leider nichts aus der Zeit vor 1981 hatten, da die alten Unterlagen wie auch das gesamte alte Redaktionsbüro im Jahr 1980 einem Feuer zum Opfer gefallen waren.

Als ich die Treppe hinunterstapfte, hatte ich das Gefühl, daß irgendein dämonisches Komplott gegen mich im Gange war.

»Wohin jetzt?« fragte Tony. Er sah so mitleiderregend aus in diesem Anzug, der so ganz untypisch für ihn war. Sein Mantel flatterte im kalten Wind wild hin und her.

»Keine Sorge«, sagte ich und rückte seine Krawatte gerade. »Ich werde mich bei dir revanchieren.«

»Wo habe ich das bloß schon mal gehört?«

Ich zuckte die Achseln. »Gehen wir zur Polizeistation.«

Wir eilten durch die fast leeren Straßen, bis wir zum Stadthaus kamen. In der einen Hälfte davon war die Polizei von Southampton untergebracht. Davor standen zwei grell lila und gelb lackierte Streifenwagen. Die Polizeistation war leer mit Ausnahme eines Polizisten, der an einem Klapptisch saß und irgendwelche Berichte zusammenheftete. Er war ein junger Mann mit Bürstenhaarschnitt und steifgestärkter Uniform. Man sah ihm an, daß er mit seiner Arbeit nicht glücklich war.

Ich wußte genau, daß er uns hereinkommen gesehen hatte, doch er weigerte sich standhaft, aufzublicken, bis ich laut sagte: »Entschuldigen Sie bitte.«

»Kann ich euch helfen, Herrschaften?« fragte er.

Hinter mir murmelte Tony: »Wir sind keine Herrschaften. Sie etwa?«

Ich stieß ihn mit dem Schuhabsatz an, um ihn zum Schweigen zu bringen.

Während ich dem Polizeibeamten erklärte, daß ich Informationen über eine Verhaftung wegen Prostitution brauchte, die beinahe zwanzig Jahre zurücklag, heftete er weiter Unterlagen zusammen. Am Ende meiner Ausführungen schenkte ich seiner Schädeldecke ein freundliches Lächeln.

Statt mir eine Antwort zu geben, blickte er auf und musterte mich gnadenlos von oben bis unten. Und danach Basillio ebenso. Er gab uns zu verstehen, daß wir beide unten durch waren.

Aber schließlich sprach er doch. »Was genau ist das für eine Information, von der Sie gesprochen haben?«

»Wir brauchen zum Beispiel den Namen eines Polizisten, der die Verhaftung vorgenommen hat«, sagte ich. »Unter welchen Umständen und um welche Uhrzeit sie stattfand – nur ganz allgemeine Informationen.«

Jetzt ließ er den Hefter mit großer Wucht zuschnappen. »Derartige Informationen geben wir nicht weiter«, sagte er forsch, »außer, Sie sind die Anwältin, die den Beschuldigten vertritt.«

»Aber es *gibt* keinen Beschuldigten. Wie ich schon sagte, die Verhaftung fand im Jahr 1974 statt. Und ich bin keine Anwältin, sondern -«

»Ganz offensichtlich nicht«, unterbrach er mich. »Denn sonst wüßten Sie, daß ein derartiges Vergehen schon lange verjährt ist.«

»Ja, das weiß ich. Ich will auch nicht die Anzeige anfechten, ich recherchiere nur -«

»Ich kann Ihnen nicht helfen, Miss. Versuchen Sie es in der Bezirksstadt – in Riverhead. Dorthin kommen unsere Unterlagen über die abgeschlossenen Fälle. Vielleicht sind sie dort, vielleicht auch nicht. Ich kann Ihnen nicht helfen – und wenn ich es könnte, würde ich es nicht tun.«

Jetzt trat Basillio einen Schritt vor, doch ich stellte mich wieder vor ihn.

»Und warum nicht?« fragte ich und sah ihm in sein grinsendes Gesicht.

»Weil man hier nicht einfach hereinplatzt und etwas fordert. So etwas tut man hier nicht. Verstanden?«

Hereinplatzt? Fordert? Hatte ich das getan? Hatte mich dieser Fall in einen Drachen verwandelt, der sich vollkommen Fremde zum Feind machte? Ich wandte mich zu Basillio um und begann ihm genau diese Frage zu stellen.

»Wir sollten gehen, Schwedenmädel«, sagte er und nahm mich beim Arm. »Wir *glauben* nur, daß wir in den Hamptons sind. In Wirklichkeit ist das die Stadt der Verdammten.«

Wir gingen zurück in das Café, in dem wir unseren Besuch in dieser bezaubernden Stadt begonnen hatten. Die Serviererin, ein hübsches junges Mädchen mit langen roten Haaren, begrüßte uns herzlich.

»Kalt draußen, nicht wahr?«

Wir setzten uns wieder an denselben Tisch, und Tony bestellte noch einen Kaffee und noch ein *Muffin* mit Preiselbeeren und Nüssen, das fast aus seinem kleinen Papierförmchen platzte.

»Heute ist wohl nicht unser Tag, was, Sherlock?« fragte er, während er das *Muffin* dick mit Butter bestrich.

Ich mußte ihm recht geben. Ich war frustriert und zornig, und bei dem würzigen Geruch von frischem Brot wurde mir speiübel.

Die Stadtbücherei hatte nichts. Die Unterlagen der Zeitungsredaktion waren zu Asche verbrannt. Und dann das große Finale: dieser widerliche junge Polizist, der die beleidigte Leberwurst spielte – ein unzufriedener kleiner Bürokrat.

»Ich verstehe nicht, warum das so wichtig ist«, sagte Tony mit vollem Mund und von der Marmelade roten Lippen.

»Nun, es ist wichtig. Für mich ist es verdammt wichtig.« Der RETRO-Computer war gewöhnlich perfekt, das mußte ich zugeben. Aber woher sollte ich wissen, ob die Polizei in jener Nacht nicht einen Fehler gemacht hatte? Vielleicht hatte Beth bloß bei einer Party zuviel getrunken und war mit jemandem weggegangen. Vielleicht war es bloß ein Abenteuer für eine Nacht gewesen, und irgend jemand hatte es für Prostitution gehalten. Vielleicht hatte sie in jener Nacht einem anderen Mädchen ihren Ausweis geliehen. Ich mußte sichergehen.

»Dann war sie eben jung und dumm und hat mal einen abgeschleppt«, sagte Tony. »So was kommt vor.«

Ich ignorierte ihn. Ich mußte nachdenken. Was jetzt? *Wer* jetzt?

Tony hatte sein zweites Frühstück zur Hälfte verzehrt. »Also, was jetzt?« fragte er. Er hielt den Pappbecher in beiden Händen und schien über meine Schulter zu starren.

»Wir brauchen eine andere Informationsquelle«, antwortete ich.

»Stimmt, stimmt ... offensichtlich«, sagte er geistesabwesend.

Und da merkte ich, daß er jede Bewegung der jungen Serviererin beobachtete.

Sein Blick ähnelte so sehr dem eines Raubtiers, daß ich giftig feststellte: »Du würdest wohl am liebsten auf der Stelle mit ihr in ein Motel gehen, nicht wahr, Basillio?«

Er zwang sich, seinen Blick abzuwenden, und sah drein, als hätte ich ihn ertappt. »Ganz ruhig, Schwedenmädel.«

Hatte in jener Nacht irgendein »Freier« die junge Beth mit denselben hungrigen Blicken verfolgt? Wenn es überhaupt unsere Beth gewesen war. Und was in aller Welt mochte wohl der Grund gewesen sein, daß sich eine schöne junge Geigerin in einer Stadt wie Southampton einen Freier anlachte? War sie hier gestrandet? Brauchte sie einen Platz zum Schlafen?

Du liebe Zeit! Verärgert warf ich die Hände hoch – ich war ja so begriffsstutzig! Ein Platz zum Schlafen. Ein Motel!

Tony sah mich beunruhigt an. Ach, wie dumm war ich gewesen, daß ich nicht schon früher daran gedacht hatte. Wenn sie wirklich getan hatte, was ihr vorgeworfen worden war, und sie deshalb verhaftet wurde, dann mußte das an einem öffentlichen Ort stattgefunden haben. Zum Beispiel in einem Motel. Und dort mußte sie auch verhaftet worden sein.

Ich sah die Serviererin an und winkte sie herbei.

»Gibt es hier in der Nähe Motels?« fragte ich.

Sie lächelte voller Verständnis, oder – in diesem Fall – Unverständnis, weil sie annahm, daß Basillio und ich es kaum erwarten konnten, ein Zimmer zu finden. »Klar«, sagte sie. »Es gibt ein sehr schönes, etwa fünf Häuserblocks von hier entfernt, näher am Fluß. Aber es ist ein bißchen teuer.«

»Ist es neu?«

»Ziemlich neu.«

»Gibt es ein altes Motel hier? Eines, das schon 1974 in Betrieb war?«

Verständlicherweise sah sie mich an, als sei dieser Wunsch nach einem Motel eines bestimmten Jahrgangs merkwürdig. »Nun, ja. Das Dolphin Inn. Neben dem Stadthaus. Aber das würde ich Ihnen nicht empfehlen – es ist eine Bruchbude.«

»Das Stadthaus – meinen Sie das Haus, in dem die Polizeistation ist?«

»Stimmt.«

Wie seltsam. Von dort kamen Tony und ich soeben, aber wir hatten kein Motel gesehen.

Ich dankte ihr und schob Basillio eilig aus dem Lokal, ohne ihn sein zweites *Muffin* aufessen zu lassen.

Wir gingen am Eingang zur Polizeistation vorbei. Das Gebäude grenzte an eine Kopfsteinstraße. Tony deutete auf ein altersschwaches Schild, das an einen Platanenstamm genagelt war: DOLPHIN INN. ÜBERNACHTUNGEN. TV.

Wir folgten der gewundenen Straße, und plötzlich erhob sich vor uns ein uraltes, einstöckiges Holzhaus mit vielleicht zehn Zimmern in jedem Stockwerk. In einem Eckzimmer im Erdgeschoß war das Büro. Auf dem Gästeparkplatz standen nur zwei Autos.

Das Büro war ein grauer, alter Raum mit einem klebrigen Linoleumfußboden. Am Empfang saß eine ältere Frau in mehreren Pullovern auf einem hohen Hocker; sie trug fingerlose Handschuhe und blätterte mit knotigen Fingern in einer Zeitung. Als sie uns in der Tür erblickte, schob sie die Zeitung weg und setzte ihre Willkommensmiene auf.

»Guten Tag! Brauchen Sie ein schönes Zimmer?«

»Eigentlich suchen wir kein Zimmer ...«, begann ich.

»Das heißt, im Augenblick suchen wir kein Zimmer«, unterbrach mich Basillio, »aber wir würden gerne eine kleine Anzahlung für ein Zimmer hinterlegen.« Tony schob einen Zwanzig-Dollar-Schein auf den Empfangstisch; ich konnte gar nicht so schnell schauen, da war er auch schon in einer Tasche der Dame verschwunden.

»Wir wollen unsere Flitterwochen hier verbringen«, sagte Tony zu der Frau. »Und das Scheinchen soll sicherstellen, daß Sie sich an uns erinnern.«

»Da können Sie ganz beruhigt sein, junger Mann«, erwiderte sie und nahm ihre brennende Zigarette aus einem improvisierten Aschenbecher aus Alufolie.

Ich gestattete Basillio, meine Hand zu nehmen und zu halten, während ich mich wieder an die alte Dame wandte. »Eigentlich brauchen wir heute eine Information über etwas, das hier in dieser Stadt vor ungefähr zwanzig Jahren passiert ist.«

»Fragen Sie mich. Es gibt nicht viel, was ich nicht weiß.«

»Nun, ich glaube, ein junges Mädchen wurde hier – in diesem Motel – verhaftet. Wegen Prostitution«, sagte ich vorsichtig. »Das war 1974.« Irgendwie war das ganz falsch herausgekommen. Es klang, als beschuldige ich sie, ein Motel zu führen, in dem derartige Dinge ständig passierten. Ich hätte alles dafür gegeben, noch einmal von vorne anfangen zu können. Aber es war zu spät.

Doch zu meiner Überraschung schien sie nicht gekränkt zu sein. »Ach, du liebe Güte«, sagte sie nachsichtig. »An die Einzelheiten kann ich mich nicht mehr erinnern, aber wenn so etwas passiert ist, dann muß das wohl der gute Hy gewesen sein.«

»Wer ist Hy?«

Sie schüttelte den Kopf. »Der alte Hiram Kenally. Gott sei seiner Seele gnädig. Er hatte eine ... Schwäche ... für die Mädchen. Für die *jungen* Mädchen, wenn Sie wissen, was ich meine. Nicht, daß mein Mann oder ich irgend etwas mit solchen Dingen zu tun gehabt hätten, aber wir fanden, was Hy Kenally tat, war allein seine Sache. Er war praktisch Stammkunde hier im Dolphin – er und seine Freundinnen. Das Problem war, daß seine Frau Vera anscheinend immer genau wußte, was er vorhatte. Sie wartete auf den richtigen Zeitpunkt, und genau dann, wenn Hy und seine Freundin im ... nun, es schien Vera Spaß zu machen, ihnen die Polizei auf den Hals zu hetzen. Wir hatten hier oft Ärger, das kann ich Ihnen sagen. Mit der Zeit wurde es richtig lästig.«

»Ich nehme an, Mr. Kenally ist tot«, sagte ich.

»Schon lange. Seit über zwanzig Jahren. Und Vera starb im Jahr darauf. Das waren schon Typen, die zwei! Das Komische ist, daß ich glaube, sie hat diesen alten Schweinehund wirklich geliebt. Wenn das mein Mann gewesen wäre, dann hätte ich ihn schon lange vor seinem Herzinfarkt gekillt.«

Jetzt zog ich das kleine Foto von Beth Stimson heraus. »Ist das eines der Mädchen, mit denen Mr. Kenally hierherkam? Erkennen Sie es?«

Sie warf einen kurzen Blick auf das Foto. »Nicht wirklich. Aber ich habe auch nie besonders auf die Mädchen geachtet. Außerdem hatte wahrscheinlich in der Nacht, als sie hier war, mein Mann Dienst. Er hat öfter in der Nacht gearbeitet als ich.«

»Wäre es möglich, mit ihm zu sprechen?«

»Das wäre ein Wunder, wenn Sie das könnten. Bill ist auch schon gestorben.«

»Das tut mir leid«, sagte ich. »Sie kennen wohl niemanden sonst, der uns von der Verhaftung erzählen könnte? Irgend jemanden, der sich daran erinnert, was passiert ist.«

»Nun«, sagte sie langsam, »ich nehme an, Sie könnten es bei Tom Scott probieren. Der ist gewöhnlich gekommen, um Hy und das Mädchen zu holen. Er ist vor einiger Zeit in Pension gegangen. Aber er wohnt noch immer in der Gegend, in Bridgehampton. Das ist nicht weit von hier.«

»Glauben Sie, er würde mit uns reden?«

»Ich wüßte nicht, was dagegenspräche, meine Liebe. Aber wer kann das bei Tom schon wissen? Er ist ungefähr genauso verrückt wie Hy es war. Verbringt seine ganze Zeit mit alten Autowracks statt mit anderen Leuten. Wahrscheinlich tut es ihm gut, zur Abwechslung mal zwei Menschen zu sehen.«

Sie schrieb uns auf, wie wir zu Mr. Scotts Haus kamen. Ich dankte ihr überschwenglich, und Tony sagte irgend etwas zu ihr, was ich nicht hören konnte. Was immer es war, sie mußte lachen. »Bis bald!« rief sie uns nach, als wir gingen.

Wir hielten uns genau an ihre Wegbeschreibung: Richtung Osten nach Bridgehampton, auf der Hauptstraße Richtung Norden, am Kriegsdenkmal vorbei – obwohl wir nicht sehen konnten, für welchen Krieg das ein Denkmal war –, dann nach links, zwei Meilen geradeaus, nach einem kleinen grauen Haus Ausschau halten.

Das Haus war leicht zu erkennen. Es war genauso, wie die Motelbesitzerin gesagt hatte – überall alte Autos.

»Oh, Mann«, seufzte Tony. »Glaubst du, das ist Tom Scott?« Er meinte den schlaksigen, hemdsärmeligen Mann, der an einer Stoßstange lehnte und ganz ruhig eine Zigarette rauchte. »Er sieht ungefähr so freundlich aus wie Dan Duryea.«

Wir stellten das Auto am Straßenrand ab, stiegen aus und gingen vorsichtig auf den alten Mann zu.

»Mr. Scott?« fragte ich.

Er bedachte uns mit einem langen, kritischen Blick und tippte sich dann an den Rand seiner Baseballmütze, die er verkehrt herum aufhatte. »Selbiger«, sagte er.

»Freut mich. Mein Name ist Alice Nestleton.«

Ich hätte ebensogut verkünden können, daß ich von einem anderen Stern käme. Er wartete, daß ich weitersprach.

»Mr. Scott, könnte ich mit Ihnen über eine Verhaftung sprechen, die Sie vor vielen Jahren vorgenommen haben, nämlich 1974?«

»Wer hat Sie hierhergeschickt?«

»Die Besitzerin des Dolphin Inn in Southampton.«

»Diese alte Schnepfe hatte schon immer ein großes Maul.«

Ich dachte, daß er vielleicht erwartete, daß wir lachten. Aber wir lachten nicht, und er verstummte wieder. Offenbar hatte er nicht die Absicht, uns hineinzubitten, und er war nicht neugierig auf den Grund unseres Hierseins. Ich beschloß, die Geschichte, die wir uns zur Tarnung ausgedacht hatten – daß wir Journalisten wären –, fallenzulassen und diesem drahtigen alten Polizisten die Wahrheit zu sagen und das Beste zu hoffen.

»Mr. Scott, ich ermittle in einem Mordfall – und offen gesagt, ist die Zeit knapp. Ich glaube, eine der Verdächtigen war ein junges Mädchen, das Sie im Jahr 1974 im Dolphin Inn wegen Prostitution verhaftet haben. Möglicherweise war der Mann in dem Fall jemand namens Hiram Kenally. Mir ist klar, daß das achtzehn Jahre her ist, aber ... das war das Mädchen.« Ich hielt ihm das Foto ganz nah vors Gesicht. »Kommt sie Ihnen irgendwie bekannt vor?«

Er sah es nicht mal an.

»Die Hälfte der Verhaftungen wegen Prostitution, die ich vorgenommen habe, hatten mit Kenally zu tun, diesem Idioten.«

»Bitte sehen Sie sich das Bild an.«

Er studierte es eine Minute. »Kommt mir bekannt vor.«

»Ist es möglich, daß die Geschichte ein Irrtum war?«

»Ein Irrtum!« knurrte er. »Da war wohl eher dieser alte Schweinehund, der ständig die Hose 'runterließ, ein Irrtum.«

»Also sind Sie *sicher*, daß Sie das Mädchen dort gesehen haben?«

»Trug nichts auf dem Leib als ihre Socken. Ein Irrtum, o ja! Das hat *sie* behauptet. Wahrscheinlich waren die sechs Zwanzig-Dollar-Scheine auf der Frisierkommode auch ein Irrtum. Ein arrogantes kleines Luder, das war sie. Hatte die Frechheit, mir zu drohen, sie würde mich wegen Freiheitsberaubung anzeigen.« Scott lachte böse. »Und der alte Kenally hatte auch den Nerv, es zu leugnen. Ich ließ die beiden meckern, soviel sie wollten. Ich nahm sie trotzdem mit. Er hat wahrscheinlich gedacht, mit seinem Geld könne er bestimmen, was wirklich *ist* und was *nicht* wirklich ist. Man sollte meinen, er hätte es irgendwann einmal satt bekommen, den Freier zu spielen, aber nicht dieser alte Schweinehund. Habe gehört, er ist sogar mit heruntergelassenen Hosen gestorben. Sie haben ihn draußen in Montauk mit einem vierzehnjährigen Mädchen aus einem der Wanderarbeiter-Lager gefunden.«

»Muß ja ein feiner Kerl gewesen sein«, murmelte Tony.

»Mr. Scott«, sagte ich, »können Sie mir sagen, was passiert ist, nachdem Sie sie aus dem Dolphin Inn mitgenommen haben?«

»Passiert? Was meinen Sie mit ›was passiert ist‹? Was gewöhnlich passiert ist. Es handelte sich schließlich um *Mr.* Hiram Kenally. Sie wurden freigelassen.

Sie hat bloß eine Anzeige wegen Erregung öffentlichen Ärgernisses bekommen. Zwanzig Dollar Strafe oder so was. Ging raus und lachte sich 'nen anderen Freier an.«

»Und was war mit dem Geld, das Sie gesehen haben? War das nicht ein großer Betrag, den Mr. Kenally da für eine Prostituierte ausgab?«

»Sie haben diesen Mistkerl nicht gekannt. Wenn er drei Dollar in der Tasche hatte, zahlte er drei. Hätte sie dreitausend verlangt, hätte er die genauso bereitwillig gezahlt. Was immer es kostete.

Also, Sie sagen, Sie ermitteln in einem Mordfall, Lady.« Er schnipste seine Zigarette brutal weg. »Ich weiß nicht, ob ich Ihnen auch nur ein Wort glaube.«

»Ich verstehe Ihren Standpunkt, Mr. Scott. Aber die wichtige Frage ist, kann *ich Ihnen* glauben?«

Er antwortete nicht. Er spuckte nur auf den gefrorenen Boden und zog sich dann ins Haus zurück.

Ich ging langsam zum Auto. Tony stieg ein und fragte, wohin wir als nächstes fahren würden.

»Im Augenblick nirgendwohin, Tony. Bleiben wir einfach eine Weile hier sitzen und wärmen wir uns auf.«

»Was ist los, Schwedenmädel?« fragte er mit besorgter Stimme.

»Nun, das wär's dann, nicht wahr? Das war's, was ich wissen wollte. Tom Scott hat soeben alles bestätigt. Die kleine Beth hat sich einen alten Lustmolch angelacht und ist für hundertzwanzig Dollar mit ihm ins Bett gegangen.«

»Ja. Genau wie der Computer gesagt hat. Aber was bedeutet das? So ist die Welt nun mal, nicht wahr?«

»Nicht die Welt des Riverside Streichquartetts – nicht die Welt, die ich vorigen Monat kennengelernt habe.

Und wie du weißt, Tony, ist Southampton eine sehr kleine Welt, nicht wahr?«

»Was willst du damit sagen?«

»Ich will damit sagen, wenn Beth hier ihrem Gewerbe nachging, warum dann nicht auch in Manhattan? Warum sollte sie sich so spezialisieren? Und ich will damit außerdem sagen, vielleicht war sie nicht die einzige? Vielleicht hat es Miranda auch gemacht – und Darcy – und Roz. Vielleicht war diese reiche alte Tante Sarah gar keine Scottish-Fold-Katze.«

»Also glaubst du, die gestohlenen Katzen hatten mit all dem gar nichts zu tun?« fragte Tony.

»Ich glaube, Tony, daß wir ein paar Tricks anwenden müssen. Und wie ich schon sagte, die Zeit ist knapp.«

22

Will Gryder hatte irgendwo auf einem friedlichen Fleck in Südkalifornien seine letzte Ruhestätte gefunden.

Das Riverside Streichquartett existierte nicht mehr.

Die Uhr tickte weiter.

Der Schaden war angerichtet.

Jetzt war es Zeit, etwas zu unternehmen.

Ich wartete, daß Tony von seiner Mission, auf die ich ihn geschickt hatte, zurückkam. Bushy und ich spielten mit dem Catnip-Ball, nur um die Zeit totzuschlagen. Ich sang einen alten Schlager, dem ich einen neuen Text verpaßt hatte, damit er zu meinem derzeitigen Katzenspiel paßte: »Tigerkatzen soll man küssen.«

Da läutete es an der Tür.

»Das ist Tony«, sagte ich zu Bushy und ging öffnen. »Bist du schon aufgeregt?«

Er marschierte langsam, aber bestimmt, mit dem Ball im Maul weg.

Basillios Jacke schien den Duft der Kälte auszuströmen, die draußen herrschte. »So, da sind die Schmuddeldinger«, sagte er und warf eine Papiertüte mit Taschenbüchern auf das Sofa. »Tu mir einen Gefallen, ja? Schick mich da nie wieder hin.«

»Ach, komm schon, Basillio. Ich dachte, du wärst gern in der Gegend um die Forty-second Street. Ich dachte, das würde liebe Erinnerungen an deine düstere, vergeudete Jugend wecken.«

Sein Gesicht nahm einen grimmigen, verletzten Ausdruck an. »Ich suche nicht gern in Porno-Buchläden nach geschmacklosen Bändchen über Prostituierte herum. Das zieht meine ernsthaften erotischen Gefühle für dich in den Schmutz.«

»So eine geschwollene Ausdrucksweise – von dir, Basillio.«

»Da«, sagte er, trat näher und umfaßte meine Taille, »ich erkläre es dir ... in einer ... äh ... allgemein verständlichen Art.«

Ich lachte. »Später, Tony.«

Ich sah mir die Sachen an, die er auf das Sofa geworfen hatte: fünf identische Exemplare irgendeines Schundheftchens namens *Nutten*. Es hatte etwa hundertfünfzig Seiten, war auf billigem Papier gedruckt und enthielt angeblich authentische Fallstudien von »Liebesdienerinnen«.

Das Bild auf dem Einband war entsprechend reißerisch; es zeigte drei extrem üppig ausgestattete, leicht bis kaum bekleidete Frauen in grotesken Positionen.

Tony nahm eines der Bücher.

»Ist das nicht erstaunlich?« fragte er. »Diese Dinge

haben sich in den letzten zwanzig Jahren nicht verändert! Sie bringen einfach immer wieder dieselben Titelbilder heraus.«

»Um so besser«, sagte ich. »Sowohl das Titelbild als auch der Titel. Ich habe dich gebeten, mir irgend etwas über Prostitution zu bringen, aber ich hätte nie gedacht, daß du etwas mit dem Titel *Nutten* finden würdest. Es ist absolut perfekt.«

Vorsichtig begann ich das Deckblatt von jedem der Bücher abzureißen.

»Was zum Teufel tust du da?« fragte er erstaunt.

»Das wirst du gleich sehen.«

Ich ging mit den fünf Einbandblättern zum Eßtisch. Tony folgte mir.

»Nun, du warst ja sehr fleißig, nicht wahr?« sagte er, als er über meine Schulter blickte und die fünf frankierten Umschläge auf dem Tisch sah. Sie waren an die Mitglieder des Riverside Streichquartetts adressiert und der letzte an Mathew Hazan in seinem Büro in der West Fifty-seventh Street.

»Und was ist das – willst du morgen in der Schule ein Referat halten?« Tony hatte ein paar von den Farbkopien in die Hand genommen, die ich von einer Seite aus einem alten *Scientific American* hatte machen lassen.

»Wonach sieht es denn aus?«

»Bilder von Mäusen.«

»Genau. Von Feldmäusen. Sie zählen zu den anpassungsfähigsten Lebewesen, besonders wenn sie die Hausmäuse verdrängen. Wie sie es in Covington gemacht haben.«

Tony verschränkte die Arme und führte einen – man kann es nicht anders bezeichnen – merkwürdigen kleinen Tanz auf. Er umkreiste den Stuhl, auf dem ich saß, und sah mich aus verschiedenen Blickwinkeln an. Er tat, als wolle er mich abschätzen.

»Ich glaube, Miss Nestleton«, verkündete er, »die vielen Jahre des Darbens – die schier endlosen harten Jahre – fordern jetzt ihren Tribut. Mit anderen Worten, Baby, jetzt bist du wirklich übergeschnappt.«

»Wohl kaum«, sagte ich. »Du wirst schon sehen.«

Ich nahm meine Schere und schnitt die fünf drolligen kleinen Mäuse aus ihrem grünen Hintergrund heraus. Dann befestigte ich jeweils eine Maus mit Klebstreifen auf der Rückseite eines jeden *Nutten*-Einbandes. Und zum Schluß steckte ich jede Einbandseite in einen der feinsäuberlich mit Maschine beschrifteten Umschläge.

»Ich glaube, der Nebel beginnt sich ein wenig zu lichten«, sagte Tony. »Du willst wohl ein bißchen Postamt spielen, nicht wahr?«

»Stimmt genau. Und es ist ein *ernstes* Spiel. Einer der fünf Empfänger dieser geheimnisvollen Grußkarte ist der Mörder. Ich will, daß diese Person nicht weiß, ob der Absender Freund oder Feind ist. Diese Person soll glauben, daß der Absender über eine Menge Dinge eine Menge weiß. Über das Dolphin Inn in Southampton, zum Beispiel.«

»Du meinst, du willst, daß sie glauben, sie werden in nächster Zeit erpreßt?«

»Nun ja, also nein … und ja. Ich möchte, daß sie die Karte sowohl als Wink als auch als Drohung betrachten. Denn die wirkliche Botschaft lautet, sie sollen an den Ort fahren, wo die kleinen Feldmäuse spielen, und dort nach Wills Manuskript suchen. Es ist nämlich noch immer dort versteckt: irgendwo im Kunstzentrum von Covington.«

»Aber, Schwedenmädel, *du* hast doch das Manuskript, oder was davon vorhanden ist. In dem Entwurf steht nur etwas von Enthüllungen, und Gryder erwähnt nie ausdrücklich Prostitution.«

»Er wurde ermordet, bevor er das schreiben konnte. Und außerdem weiß der Mörder nicht, wie weit Will mit dem Buch gekommen ist. Das wissen nur du und ich – und Ford Donaldson.«

Tony sah mir schweigend zu, wie ich die Briefe zuklebte. Als ich fertig war, fragte er mich ziemlich ernst: »Willst du diese Dinger wirklich aufgeben?«

»Ja, natürlich.«

Er schüttelte den Kopf. »Ich weiß nicht, Schwedenmädel. Um ehrlich zu sein, habe ich den Eindruck, du hast es da oben mit dem Polizisten und deiner ersten Falle vermasselt. Und jetzt klammerst du dich an einen Strohhalm. Und wenn ich klammern sage, dann meine ich wirklich *klammern*.«

»Wir werden sehen.«

»Also willst du sie wirklich abschicken?«

»Ja, *wirklich* – das heißt, wir werden sie abschicken. Aber nicht von hier. Von Northampton aus. Damit dem Mörder klar ist, daß sein anonymer Brieffreund weiß, wovon er oder sie spricht.«

Tony knallte die Hand auf den Tisch. Bushy floh aus dem Zimmer. Pancho sauste herein.

»*Jetzt* kapiere ich, warum du wolltest, daß ich Gregs alte Klapperkiste vorläufig behalte, selbst als wir aus Southampton zurück waren! Verdammt! Ich hätte wissen sollen, daß du was im Schilde führst.«

Sanft strich ich dem armen Tony die Haare zurück. »Ich wußte, du würdest gerne mit uns ein paar Tage auf dem Land verbringen.«

»Mit uns?« fragte er.

»Ja. Mit mir und Pancho und Bushy.«

»O Gott.«

»Du siehst sehr blaß aus, Basillio. Etwas Sonne und frische Landluft werden dir sehr guttun. Wir werden im Wald spazierengehen, Kastanien braten und vielleicht –«

»Von einem Mörder ermordet werden«, beendete er den Satz für mich.

»Wir werden nicht ermordet werden, Tony. Außerdem kann ich diese Briefe erst aufgeben, wenn ich da oben etwas überprüft habe. Einen weißen Seesack mit einem aufgebrochenen Schloß.«

»Was ist darin?«

»Nichts.«

Er wollte nicht weiter nachforschen und schwieg ein paar Augenblicke. Dann fragte er: »Würdest du nicht lieber nach Atlantic City fahren?«

»Basillio, es wird dir dort oben gefallen. Covington ist herrlich. Es riecht dort geradezu nach Träumen.«

»Nach Träumen? Nach was für Träumen?«

»Nach Künstlerträumen. Nach großen, erhabenen Projekten.«

»Wie zum Beispiel ›Stilleben mit Klavierspieler mit Meißel in der Brust‹?«

»Nicht direkt. Aber das ist ein guter Titel.«

»Der Fall macht dich nicht nur verrückt, Schwedenmädel, sondern auch makaber. Ich hoffe wirklich, du weißt, was du tust.«

Wußte ich es? Wußte ich es *wirklich*?

»Hast du bei der Aufzählung der Dinge, die wir dort oben auf dem Lande tun werden, nicht etwas ausgelassen?« fragte Tony. »Werden wir uns nicht vor einem knisternden Feuer im Kamin wahnsinnig lieben?«

»Willst du mir nicht helfen, Pancho einzufangen und in seinen Tragkorb zu verfrachten?«

»Warum hältst du nicht einfach ein Bild von einer Feldmaus neben die Tür?«

»Pancho ist viel zu beschäftigt, um zu jagen«, sagte ich.

Wir begannen uns an den gewieften Pancho heranzupirschen. Sobald er in seinem Tragkorb saß, war er merkwürdigerweise ruhig. Bushy hingegen war total kooperativ: er marschierte schnurstracks hinein, nur um sich dann, sobald das Schloß eingeschnappt war, in eine kreischende Nervensäge zu verwandeln.

So viele Widersprüche. So wenig Zeit.

23

Oh, ich kannte diese Straße. Ich wußte, wo die Raststätten waren und wo man das billigste Benzin bekam. Doch diesmal saß Tony am Steuer. Und er verbrachte den Großteil der Zeit damit, leise vor sich hin zu mekkern und sich zu fragen, warum und wie es dazu gekommen war, daß ich ihn wieder einmal gegen sein besseres Wissen in eine verrückte Aktion hineingezogen hatte.

Die Katzen starrten uns aus ihren Gefängniszellen auf dem Rücksitz finster an; ihre Augen waren in der Dunkelheit riesig und irisierend.

Es wurde mit jeder Meile kälter, und sobald wir die Grenze nach Massachusetts überquert hatten, nahm uns gefrierender Nebel die Sicht, egal, wie oft wir den Entfroster einsetzten. Ich dachte, ein paar Strophen eines guten alten Kirchenliedes würden alle Beteiligten beruhigen, und stimmte »Näher, mein Gott, zu dir« an. Aber ich gab es bald auf.

Es war etwa elf Uhr nachts, als wir in den Hof des kleinen Hotels in Northampton fuhren.

»Kann dieser mysteriöse weiße Seesack denn nicht bis morgen warten?« fragte Tony, nachdem wir uns eingetragen und Bushy und Pancho in ihre neue Umgebung entlassen hatten. Das Zimmer roch leicht nach Insektenspray, und die Katzen wanderten herum und schnupperten mißtrauisch alle Ecken ab.

»Wir müssen jetzt gleich gehen, Tony. Es ist nicht mehr als zwanzig Minuten entfernt. Und dann können wir sofort wieder hierher zurückkehren. Vielleicht bekommen wir in der Stadt noch etwas zu essen, obwohl es ein wenig spät ist.«

»Vielleicht gibt es auch ein Schallplattengeschäft, das rund um die Uhr geöffnet ist. Glaubst du, hier gibt es so was?«

»Wozu brauchst du ein Schallplattengeschäft?«

»Ich weiß nicht. Ich frage nur.«

Basillio ist sehr seltsam, wenn er wütend ist. Wirklich sehr seltsam.

Ich füllte einen großen Pappkarton mit frischer Katzenstreu und stellte ihn in die Badewanne. Ich ermahnte die Katzen, nichts anzustellen, während wir weg waren. Dann machten Tony und ich uns auf den Weg nach Covington.

Das Haus und das Grundstück lagen verlassen da; es war totenstill. Ich dirigierte Tony über die Zufahrtsstraße zu dem Studio, in dem Will gestorben war, und weg vom Haupthaus, bis wir nicht mehr weiterfahren konnten. Dann nahm ich meine Taschenlampe fest in die Hand und ging, gefolgt von Tony, auf den Bach zu. Es wehte ein heftiger, unerbittlicher Wind. Die Nacht war mondlos.

Ich stieß die Schuppentür auf und blieb eine ganze Minute stehen. Basillios hastiger Atem klang in meinen Ohren wie das Dröhnen der Meeresbrandung. Ohne das Licht anzumachen, gingen wir durch den engen Gang zu der Stelle, wo Ford Donaldson und ich unsere Falle ausgelegt hatten.

Der weiße Seesack lag noch immer da.

»Sieht aus, als wäre schon jemand vor dir hiergewesen«, sagte Tony.

Er hatte recht. Der Seesack war mit einem Messer zerfetzt und aufgerissen worden. Die diversen Papiere und der Plunder, den ich hineingestopft hatte, waren über den Fußboden verstreut, als wäre eine Packratte am Werk gewesen.

»Ein Jammer«, sagte er.

»Ein Jammer? Das ist super, Tony! Es bestätigt alles! Siehst du nicht, was passiert ist? Nachdem meine Falle als Schwindel entlarvt worden war und mich das Quartett kurzerhand hinausgeworfen hatte, ist einer von ihnen hierher zurückgekommen, hat diesen Seesack durchwühlt und nach Gryders Beweismaterial für sein Manuskript gesucht.«

Ich war so froh, daß ich – wäre der enge Gang ein paar Zentimeter breiter gewesen – einen äußerst undamenhaften Freudentanz aufgeführt hätte.

»Weißt du, Tony, die Falle war nicht wirklich ein Schwindel. Ich habe nur den falschen Köder ausgelegt. Mit diesen kleinen schottischen Kätzchen.«

»Unterhalten wir uns beim Abendessen darüber«, sagte er. »Hier ist es saukalt.«

Wir gingen zum Auto zurück und fuhren zu dem imposanten alten Postamt in der Stadt, wo ich die fünf Umschläge in den Briefkasten vor dem Gebäude warf.

Jetzt setzte ich mich ans Steuer und fand auf Anhieb jenes kleine Lokal, in das Ford Donaldson mit mir auf einen Kaffee gefahren war. Das undefinierbare Gericht, das sie uns vorsetzten, war mit einer wohlschmeckenden Soße bedeckt. Ich aß sogar Zitronenkuchen als Nachtisch. Als wir ins Hotel zurückkamen, war es fast ein Uhr früh. Den Katzen ging es gut. Ich machte ihnen zwei Dosen Katzenfutter auf – viel zu viel, aber es war eine Art Bestechung. Tony streckte sich auf dem Bett aus und war binnen Sekunden eingeschlafen, voll angezogen. Ich breitete eine Decke über ihn, zog mir mein wollenes rotes Nachthemd an, legte mich dann neben ihn und lauschte dem Geräusch des Fensters, das in seinem Rahmen bebte.

Ich erwachte um halb acht. Tony war weg.

Er hatte eine Nachricht hinterlassen, auf der er mir mitteilte, daß er mit Frühstück zurückkommen würde, falls er sich nicht verirrte.

Ich duschte und machte das Bett – ich dachte nicht daran, daß es hier ein Zimmermädchen gab. Ich hatte wohl vergessen, Tony zu sagen, daß wir nach acht Uhr jederzeit bloß hinunterzugehen brauchten und Frühstück serviert bekommen würden. Die Katzen hielten sich bemerkenswert gut, sie beschwerten sich fast gar nicht, und ich vergaß auch nicht, ihnen zu versichern, wie sehr ich das zu schätzen wußte. Dann rief ich Ford Donaldson an.

Er war zeitig ins Büro gekommen und ehrlich überrascht, von mir zu hören, und noch mehr, als er erfuhr, daß ich in einem Hotel ganz in der Nähe war. Ich wollte die Sache nicht am Telefon besprechen, also fragte ich ihn direkt, ob es ihm etwas ausmache, so bald wie möglich zu mir herzukommen.

Lange Zeit erhielt ich keine Antwort. Ich dachte sogar schon, die Leitung wäre tot. Aber dann fragte er nicht wenig mißtrauisch: »Was führt Sie wieder in diese Gegend, Alice?«

»Das würde ich Ihnen lieber persönlich sagen.«

»Wie wär's mit einem Hinweis?«

»Wenn Sie mir nur ein paar Minuten Zeit schenken könnten, Ford. Um der alten Zeiten willen«, fügte ich hinzu.

Wieder zögerte er. »Hören Sie … ich komme mal schnell vorbei.«

»Gut. Ich warte auf Sie.«

Ich wünschte, ich hätte den Kaffee gehabt, den Basillio holte. Als ich ein plötzliches Geräusch hörte, fuhr ich auf. Aber es war nur Pancho, der den Abfalleimer umwarf, den Kopf hineinsteckte und schnell nachsah. »Benimm dich, Pancho«, sagte ich, »dann bekommst du zum Mittagessen Sardinen.« Ich sah ihm an, daß er mir nicht glaubte. Nach kaum zehn Minuten klopfte Ford an die Tür. Er trat rasch herein, als wäre dieser Besuch etwas Verbotenes. Sein Blick schweifte professionell durch das Zimmer und registrierte jede Einzelheit.

»Ich bin mit einem Freund hier«, erklärte ich, als ich sah, daß er auf Tonys Rasierzeug starrte.

»Das freut mich.« Dann verzog er das Gesicht zu einer Art Lächeln, lehnte sich an die Frisierkommode und fragte: »Was kann ich für Sie tun, Alice?«

»Wollen Sie sich nicht einen Augenblick setzen?« sagte ich.

»Lieber nicht. Ich kann nicht lange bleiben.«

»Ford, wie laufen die Ermittlungen?«

Er zuckte die Achseln. »Nicht gut.«

»Wußten Sie, daß sich das Quartett aufgelöst hat?«

»Was?«

»Das Riverside Streichquartett. Sie haben bekanntgegeben, daß sie sich auflösen.«

»Das ist ein Jammer. Aber es ist ja nicht so, als wären sie die Everly Brothers oder so.«

Ich setzte mich auf den einzigen Stuhl im Zimmer. Er beobachtete meine Bewegungen aufmerksam, wie eine Maus eine Katze beobachtet. Oder eine Katze eine Maus.

»Hören Sie, Ford, in Anbetracht dessen, was passiert ist, fällt es mir schwer, das zu sagen. Aber ich sage es ganz einfach. Ich brauche – wieder – Ihre Hilfe.«

Sein Blick schoß im Zimmer herum. »Also wenn Sie Touristeninformationen benötigen, dann kann ich Ihnen hier in der Gegend ein paar schöne Sachen empfehlen. Mögen Sie und Ihr Freund überdachte Brücken?«

»Hören Sie mir zu, Lieutenant Donaldson. In etwa drei Tagen wird die Person, die Will Gryder ermordet hat, in das Haus im Kunstzentrum Covington einbrechen.«

»Vielen Dank für diesen Tip.« Seine Stimme triefte vor Sarkasmus.

»Und wenn das passiert, möchte ich, daß Sie dort sind – mit mir.«

Er lächelte, schüttelte den Kopf und machte mit einem Fuß auf den Fußbodenbrettern eine Bewegung, als trete er eine Zigarette aus.

»Das ist nicht Ihr Ernst – oder?«

»Mein voller Ernst.«

»Wollen Sie damit sagen, daß Sie dasselbe Spielchen noch mal spielen wollen, Alice?«

»Ich habe wirklich einen Fehler gemacht. Aber diesmal *gibt* es keinen Fehler.«

Sein Lächeln wurde noch ein wenig breiter, und ich sah, wie er mit den Zähnen knirschte – alles Zeichen, die verrieten, daß er sich bemühte, nicht in die Luft zu gehen. »Sie haben ein wenig mehr getan, als einen Fehler gemacht, Alice«, sagte er. »Sie haben mich ganz schön zum Trottel gemacht. Und die Polizei. Und dabei waren die Dinge so schon schlimm genug.«

»Waren Sie in der Zwischenzeit mal wieder in dem Schuppen?« fragte ich.

»Nein. Warum sollte ich?«

»Irgend jemand hat den Seesack zerfetzt, den wir dort hingelegt haben.«

»Und?«

»Kann ich Ihnen nur schnell erzählen, was ich in den letzten Tagen über Beth erfahren habe -«

»He! Hören Sie, Lady ... Ich will von Ihnen kein Wort über den Fall Will Gryder hören. Verstehen Sie? Sie haben mich da in eine völlig wirrköpfige Aktion hineingezogen. Einmal habe ich es Ihnen abgekauft. Aber ein zweites Mal wird mir das nicht passieren. Es ist mir egal, wie gut Sie aussehen – oder wie überzeugend Sie sind. Sie *sind* überzeugend, wissen Sie ... aber das sind viele Verrückte.«

»Ford, ich verspreche Ihnen, diesmal wird niemand wie ein Trottel dastehen.«

»Da haben Sie recht.« Seine Miene wurde hart und ausdruckslos. »Es war schön, Sie wiederzusehen, Alice. Ich wünsche Ihnen einen angenehmen Aufenthalt.«

Er öffnete die Tür.

Ich stand auf. »Ford! Bitte, warten Sie!«

»O nein, Alice«, rief er über die Schulter zurück und ging weiter.

Daß er skeptisch sein würde, hatte ich erwartet. Das war logisch. Schließlich war er ein gebranntes Kind. Aber mit dieser offenen Feindseligkeit hatte ich nicht gerechnet.

»Bitte, hören Sie mir zu!« sagte ich noch einmal an der Türschwelle. Da blieb er stehen und drehte sich um. Aber mir fiel nichts ein, was sein Interesse an meinem Plan wecken könnte. Mir fiel nichts ein, Punkt. Ich erlebte den klassischen Alptraum aller Schauspieler: mir fiel nicht ein einziges Wort ein. Ford wartete nicht sehr lange. Ich sah ihm nach, wie er die Treppe hinunter verschwand.

In dem Moment, als Donaldson von dem kiesbestreuten Parkplatz wegfuhr, tauchte Tony in dem verstaubten geborgten Wagen auf. Er brachte ein Frühstück, das für sechs Leute gereicht hätte: Kaffee, Krapfen, Eiersandwiches, Semmeln, Speck und Würstchen in Alufolie. Er legte ein Handtuch über den großen, umgedrehten Koffer und breitete sein Festmahl darauf aus.

Beim Kaffee erzählte ich Tony von Donaldsons Besuch und seiner Weigerung, mir zu helfen.

»Und was willst du jetzt tun?« fragte er. Er klang seltsam distanziert.

»Wir müssen es alleine machen.«

»Was machen?«

»Auf den Mörder warten, Tony. Den Mörder in die Falle locken!«

»Aber natürlich.« Er lachte. »Und wo warten wir?«

»Im Auto. Hinter dem Haupthaus in Covington.«

»Und dieser Polizist, Donaldson, will nicht dabeisein? Was zum Teufel ist denn mit dem Typen los? Anscheinend wirkt dein Charme nicht mehr, Schwedenmädel.«

»Ford hält nicht viel von meinem Charme, und von meinen Methoden auch nicht.«

»Das ist ja nicht zu fassen! Hast du ihm nicht von den ausgeschnittenen Mäusen erzählt oder von der raffinierten Geschichte mit den Buchdeckeln? Ich meine, wenn er das von den *Nutten* gehört hätte, dann hätte er sofort gewußt, wie wissenschaftlich du bei deinen Ermittlungen vorgehst. Ruf ihn doch an und sag es ihm, Schwedenmädel. Dann ist er wie der Blitz wieder da.«

Ich trank meinen Kaffee und nahm den Köder nicht an. Aus irgendeinem Grund war Tony über meine Fallen wirklich sauer. Eine Menge Leute reagieren so. Aber schließlich bin ich ganz allein – hätte ich dieselben finanziellen und anderen Mittel und dasselbe Personal wie die Polizei, dann könnte ich wesentlich ausgeklügeltere Operationen aufziehen. Ich müßte keine präparierten Postkarten verschicken. Ich könnte großangelegte Überwachungsaktionen durchführen.

Aber ich habe nichts von alledem. Und so wird es auch bleiben. Also muß ich rasch und billig arbeiten und mit jeder Aktion direkt auf den Kern der Sache abzielen – meinen Verstand benutzen. Wenn ich dabei schrullige Methoden oder Intuition einsetzen muß oder was immer sonst funktioniert – schön. Außerdem habe ich festgestellt, daß eine einfache Postkarte einen Mörder oft tatsächlich aufscheucht, während rund-um-die-Uhr-Überwachung und hochtechnische Abhörgeräte manchmal vollkommen in die Hose gehen. Meine Karten an die Mitglieder des Streichquartetts waren eine Art Performance, und deshalb wußte ich, daß es funktionieren würde.

Aber wie sollte ich das einem Profi wie Ford Donaldson erklären oder einem Tony Basillio, dem Enfant terrible unter den Bühnenbildnern?

Also überhörte ich Tonys gehässige Bemerkungen und widmete mich voll und ganz der Aufgabe, so lieb wie nur irgend möglich zu ihm zu sein. Die folgenden Tage besichtigten wir als Touristen das alte Neuengland. Wir fuhren zum Haus von Nathaniel Hawthorne. Wir besuchten das Museum für Impressionismus in Williamstown und sahen uns dort auch das über den Winter geschlossene Sommertheater an. Wir machten Spaziergänge im Wald. Wir dinierten in dem romantischen kleinen Gasthof in der Nähe von Great Barrington und fuhren dann zurück in unser preisgünstiges Hotel, wo wir außergewöhnlich schöne Liebesnächte verbrachten.

Als am dritten Tag das Licht zu schwinden begann, war unser Gastspiel als Touristen zu Ende. Ich hatte Basillio noch nie so deprimiert gesehen.

Wir fuhren zum Kunstzentrum Covington und parkten an der Rückseite des Haupthauses, hinter der Küche, damit uns jemand, der durch das vordere Tor auf das Grundstück kam, nicht sehen konnte.

Es war siebzehn Uhr einundvierzig. Wir hatten eine große Thermosflasche mit schwarzem Kaffee mitgenommen und jede Menge Käse und Brot und Plätzchen aus einem Gourmetladen in der Stadt. Ich hatte noch immer Ford Donaldsons Taschenlampe – von jener Nacht, als uns Miranda Bly im Schuppen »in die Falle gegangen« war –, und Tony hatte seinen Walkman mit Kopfhörern dabei.

Als wir es uns auf dem Vordersitz des Wagens gemütlich machten, flüsterte mir Tony ins Ohr: »Ich weiß nicht, was zum Teufel ich hier eigentlich tue, aber ich werde bis zum letzten Blutstropfen für dein Recht kämpfen, mich dazu zu bringen.«

Es war eine furchtbar kalte Nacht. Hätten wir die Heizung laufen lassen, wäre jeder, der sich auf dem Grundstück befand, sofort auf uns aufmerksam geworden. Also saßen wir in dem eiskalten Auto und warteten.

»Morgen nacht vergesse ich die Decken nicht«, sagte ich kleinlaut zu Basillio, der schon seit Stunden nicht mit mir gesprochen hatte. Er hatte die Hände unter die Achseln geklemmt, und ich hörte, wie er bitter vor sich hin lachte. Er schien gar nicht mehr aufhören zu können.

Um Mitternacht hatten wir den Kaffee getrunken und unseren Proviant vertilgt. Ich hörte in dem kleinen Autoradio einen Sender, der nur klassische Musik spielte, während Tony vor sich hin döste. Um halb zwei wurde das nächste Stück angesagt: das Streichquartett Nr. 5 von Schubert, gespielt vom Riverside Streichquartett; eine Live-Aufnahme aus dem Jahr 1982. Das war so bizarr, daß ich Tony wecken und es ihm sagen mußte.

Um etwa halb drei verkündete er leise: »Ich glaube, schön langsam fange ich an dich zu hassen, Schwedenmädel.«

»Nein, tust du nicht.«

Er wand sich. »Wir haben hier heraußen nichts zu suchen. Wir sollten in Manhattan in einem warmen Bett liegen.«

»Wir warten heute nacht bis halb vier. Nur noch eine Stunde.«

»Und morgen nacht?«

»Dasselbe.«

Er stöhnte.

»Du darfst jetzt nicht den Mut verlieren, Tony. Wir haben doch erst angefangen.«

»Ich hatte nie etwas für dieses Abenteuer übrig. Nur für dich.«

»Das ist kein ›Abenteuer‹, Basillio. Das ist der falsche Ausdruck. Ich bin zu alt für Abenteuer.«

»Nun, dann für diese ›Arroganz‹.«

»Wer ist arrogant?«

»Du, Schwedenmädel. Du erträgst es nicht, zu verlieren. Ich meine, du erträgst es nicht, deine Überheblichkeit in bezug auf Kriminalfälle zu verlieren.«

»Das ist Unsinn.«

»Ist es nicht. Dir soll keiner den Knochen wegnehmen. Je mehr du behindert und beleidigt wirst, desto hartnäckiger wirst du, desto verbissener nagst du an dem Knochen herum. Und deshalb arbeiten die Regisseure auch nicht gern mit dir zusammen.«

»Das ist der Grund?«

»Ganz genau. Du bist so sehr mit dem Knochen beschäftigt, daß du das wahre Ziel aus den Augen verlierst. Du hörst auf zu denken und läßt dich von allen möglichen Phantasien überschwemmen. Und du tust nichts, um sie zu unterdrücken.«

»Also hältst du diese Aktion für eine Phantasie, ja?«

»Ich hoffe, es ist keine. Aber es ist eine Ausgeburt deiner Phantasie, daß das Riverside Streichquartett aus bösen Menschen besteht.«

»Habe ich das je gesagt?«

»Du hast es nicht gesagt, aber du glaubst es. Sonst würden wir hier nicht mitten in der Nacht auf dieser gottverlassenen Farm sitzen und frieren.«

»Das ist keine *Farm*, Tony! Es ist eine Künstlerkolonie.« Ich wußte, das war keine besonders gute Antwort, aber ich hielt es für das beste, die Auseinandersetzung hier abzubrechen.

Ich drehte mich von ihm weg und starrte aus dem Autofenster. Die Nacht wirkte böse und auch bedrohlich. Ich hatte gar nicht das Gefühl, auf dem Lande zu sein.

Nun, egal, was Tony dachte, ich wußte, daß es nicht nur »Arroganz« war, was mich antrieb. Aber sie hatten mich wirklich behindert und beleidigt, und das würde ich nicht so schnell vergessen.

Um vier Uhr früh kamen wir ins Hotel zurück und schliefen, dankbar für die Wärme, auf der Stelle ein.

In der nächsten Nacht waren wir besser vorbereitet. Wir hatten Decken und mehrere Thermosflaschen dabei, eine davon mit Suppe, und viel mehr Snacks, sowie auch Spielkarten. Die ersten paar Stunden der Überwachung, wie das wohl genannt wird, waren seltsam angenehm. Bis wir anfingen, Casino zu spielen.

Wir mußten eine Taschenlampe so aufstellen, daß sie die Karten zwischen uns auf dem Sitz beleuchtete, nicht aber das Auto. Wir schafften es schließlich mit Hilfe einer Decke, doch das Sitzen war sehr unbequem. Es war über fünfzehn Jahre her, daß ich das letzte Mal Casino gespielt hatte, und ich mußte meine Erinnerung an die Spielregeln auffrischen. Tony war dabei keine große Hilfe, denn er erinnerte sich noch weniger als ich. Wir gerieten darüber in Streit, wie viele Punkte die einzelnen Karten wert waren. Ich wußte, daß ein Spiel elf Punkte hatte. Und ich wußte, daß Karo Zehn zwei Punkte und Pik Zwei einen Punkt zählte und daß jedes As ein Punkt war. Was bedeutete, daß diese Karten und

Pik zusammen vier Punkte ergeben mußten, aber wir konnten uns nicht über die Punktezahl der einzelnen Karten einigen.

Als wir uns schließlich doch einig wurden, begannen wir in diesem Auto – in einer eisigen Nacht, praktisch unter einem Zelt, während wir auf einen Mörder warteten – ein aufregendes Spiel.

Ich war eindeutig am Gewinnen. Dann beschloß ich, die Vier zu spielen. Es lag bereits eine auf dem »Tisch«, wenn man es so nennen wollte, und ich hatte noch zwei in der Hand. Also legte ich eine der Vieren aus meiner Hand auf die auf dem Tisch und sagte »Vier« an.

Tony grinste, legte eine Pik Zwei auf meine Vier und sagte »Sechs« an.

Ich erklärte, daß er das nicht tun könne – es war gegen die Spielregeln.

Er sagte, er könne.

Die Gemüter erhitzten sich. Ich nahm die Pik Zwei und warf sie ihm ins Gesicht. Er packte meine Hand. Ich hatte gerade die andere Hand erhoben, als er plötzlich den Finger auf die Lippen legte und mir bedeutete, ich solle still sein.

Ich hatte es ebenfalls gehört. Das Geräusch eines Motors – es kam näher.

»Ich glaube, ein Auto biegt in die Auffahrt ein«, sagte Basillio drängend.

Ich erstarrte auf meinem Sitz. Wir konnten nichts sehen. Das Haus verbarg uns vor den Blicken anderer, nahm uns aber ebenso selbst die Sicht.

»Zumindest glaube ich, daß es ein Auto war«, flüsterte Tony. »Ich habe Scheinwerferlicht auf der Hauptstraße gesehen, und dann ist es verschwunden. Also ist es entweder stehengeblieben und hat die Scheinwerfer ausgeschaltet, oder es hat die Scheinwerfer ausgeschaltet und ist dann nach rechts auf dieses Grundstück eingebogen.«

Ich kurbelte trotz der Kälte das Fenster hinunter. »In ein paar Minuten werden wir es wissen«, sagte ich. »Wenn irgendwo im Erdgeschoß Licht gemacht wird, sollten wir es sehen.« Ich lauschte angestrengt zu dem wuchtigen Gebäude hin, konnte aber nichts hören.

»Da!« sagte Tony.

»Wo?«

»Jetzt ist es weg, aber ich habe etwas gesehen.«

Und nun konnte ich es auch sehen: einen hin- und herhuschenden Lichtstrahl im Erdgeschoß des Hauses.

»Er ist drinnen! Er ist drinnen!« sagte ich und öffnete die Autotür. Beide schlüpften wir leise hinaus.

»Was machen wir jetzt?« fragte Tony.

»Warten, bis er das Haus verläßt, und ihn dann schnappen. Er wird in Wills Zimmer hinaufgehen und es auseinandernehmen. Er wird nichts finden. Und dann wird er gehen. Wir werden da sein.«

Die Schultern gegen die Kälte hochgezogen, begaben wir uns um das Haus herum zum Eingang. Ich stellte mich auf eine Seite der Tür und bedeutete Tony, er solle auf die andere Seite gehen. Wir standen da wie zwei frierende, verängstigte Buchstützen. Es war so finster, daß ich nicht einmal die Umrisse des Autos des Eindringlings erkennen konnte.

Ich weiß nicht genau, wie lange wir warteten, bis der Eindringling seine Suche beendete und aufgab. Aber es war lange genug, daß ich merkte, daß ich meine Taschenlampe im Auto liegengelassen hatte. Ich wäre gerne zurückgelaufen und hätte sie geholt, wagte es aber nicht. Es war lange genug, daß ich einen überaus schmerzhaften Krampf im Bein bekam. Der Schmerz war so stark, daß ich unwillkürlich gestöhnt haben muß.

»Was ist los?« zischte Basillio von seinem Posten herüber.

Ich hatte keine Zeit, es zu erklären. In diesem Augenblick ging die Eingangstür auf, und eine Gestalt kam heraus.

»Halt ihn, Tony!«

Er packte die Gestalt, doch sie riß sich los und lief davon, Tony hinterher.

Plötzlich war das ganze Areal hell erleuchtet. Von blendendem, grellweißem Licht. Tony blieb wie angewurzelt stehen. Der Eindringling blieb auch einen Augenblick stehen, schleuderte aber dann irgend etwas auf Tony. Es traf. Tony stöhnte auf.

»Keine Bewegung!« donnerte eine respekteinflößende Stimme.

Jetzt sah ich, woher das Licht kam: Es waren die Scheinwerfer von Ford Donaldsons Auto. Der Lieutenant selbst stand, die Waffe auf den Eindringling gerichtet, neben dem Fahrerfenster. Niemand bewegte sich, außer mir. Ich ging hinüber zu Tony, um nachzusehen, ob mit ihm alles in Ordnung war. Er war von einer ledernen Handtasche getroffen worden, die jetzt auf dem Boden lag und deren Inhalt rundum verstreut war.

Mit der Waffe in den ausgestreckten Händen kam Ford näher. Er warf mir einen raschen Blick zu. »Ich wollte Ihnen nur Kaffee bringen, Alice.«

Ich atmete viel zu schwer, um ihm richtig danken zu können. Ich wandte mich zu dem Eindringling, der sich jetzt auf ein Knie hinuntergelassen hatte.

»Stehen Sie auf«, befahl Donaldson, »und heben Sie die Hände über den Kopf.«

Langsam erhob sich die Gestalt.

Ich sah genauer hin. Zuerst registrierte mein Hirn gar nichts. Die Gestalt kam mir ganz vage irgendwie bekannt vor, aber ich konnte nicht wirklich etwas damit anfangen. Dann zog Ford der Gestalt die Mütze vom Kopf.

Es war Mrs. Wallace ... Mein Gott, es war die Köchin, Mrs. Wallace!

Sie hatte die Haare ziemlich kurz geschnitten und trug Make-up und schwarze Kleidung, die Männer wie auch Frauen tragen konnten. Aber es bestand kein Zweifel daran, sie war es.

Sprachlos vor Staunen dachte ich: *Aber ihr habe ich doch gar keine Postkarte geschickt.*

Ford senkte die Waffe, ging an Mrs. Wallace vorbei und beugte sich hinunter, um den Inhalt ihrer Tasche auf dem Boden zu untersuchen. Nach ein paar Sekunden stieß er einen langen, leisen Pfiff aus. Als er sich aufrichtete, hielt er einen kleinen Gegenstand in der Hand. Er zeigte ihn mir. »Das ist eines der Schmuckstücke, die Gryder trug und die gestohlen wurden. Angeblich hat er es als Kind bei einem Pianistenwettbewerb in Belgien gewonnen. Er war Dritter.«

Wir blickten alle auf die Köchin, die wie hypnotisiert auf den kleinen Ring starrte. Ihr Gesicht schien vor unseren Augen zu verfallen. Schließlich brach sie kläglich in Tränen aus. »Ich konnte ihn nicht ... ich konnte ihn nicht vernichten«, jammerte sie. »Alles andere habe ich beseitigt, aber ich ... ich brachte es einfach nicht über mich. Der Ring war alles, was übriggeblieben war ... es war so traurig.«

Ich legte den Arm um die zitternde Frau. »Wir wissen, warum Sie hier sind, Mrs. Wallace. Sie haben sich in ernste Schwierigkeiten gebracht. Aber Sie haben Will Gryder nicht ermordet ... oder? Doch Sie wissen, wer es war. Sie müssen uns alles sagen, Mrs. Wallace. Sie müssen jetzt an sich selbst denken.«

Sie nickte unter Tränen.

Ford ging zu seinem Auto, um den Kaffee zu holen, den er für mich gekauft hatte.

Wir halfen Mrs. Wallace, wieder in das alte Haus hineinzugehen, und brachten sie in das eiskalte Eßzimmer, wo sie den Kaffee hinunterwürgte und uns dann ihre Geschichte erzählte. Sie sprach schnell und leise, als spulten sich die Worte ganz von selber ab.

»Es war in den siebziger Jahren. Die Mädchen wollten Karriere machen. Sie brauchten dringend Geld, um das Ensemble zu finanzieren – und sie beschlossen, zu tun, was immer nötig war, um es zu bekommen. Sie gingen alle anschaffen, jede von ihnen. Aber nicht wie die Nutten auf der Straße. O nein. Ihre Freier waren reich, und sie hatten saftige Preise. Schließlich waren sie schöne junge Mädchen, gebildet, kultiviert – genau die Mädchen, von denen viele ältere Männer träumen.

Daß sie als Prostituierte Geld verdienen sollten, war Hazans Idee gewesen. Aber er wußte nicht, wie er es anpacken sollte. Er konnte nur kleine Auftritte organisieren und managen. Etwas Derartiges konnte er nicht alleine aufziehen. Also suchte er Hilfe.

Er wandte sich an einen alten Freund aus der Armee – einen Mann, der damals Karten für den Broadway vermittelte und zwielichtige Verbindungen hatte. Nur wenige Leute wußten, daß dieser Kartenhändler früher einmal Zuhälter gewesen war.

Die fünfzehntausend Dollar Startkapital waren schnell verdient. Und sie hörten mit dem Anschaffen auf. Aber so etwas vergißt keine Frau so schnell, nicht mal unter den besten Umständen. Die meisten Mädchen überstanden es und schoben die Erinnerung daran allmählich beiseite. Doch meiner armen kleinen Rozalind fiel es schwerer, das alles zu vergessen. Sie war ... verletzt worden ... schlimm verletzt worden ... von einem sehr kranken Mann, einem Kunden. Sie hatte Glück, daß er sie nicht umbrachte, daß sie nicht wahnsinnig wurde. Aber selbst sie kam darüber hinweg, lernte zu vergessen, mit Ausnahme der Tatsache, daß sie niemals Kinder haben konnte, dank diesem kranken Mann.

Und so vergingen die Jahre, und das Quartett wurde erfolgreicher, als sie es sich je erträumt hatten. Und dann, bei einer Gesellschaft, irgendeiner Wohltätigkeitsveranstaltung für die Carnegie Hall, lernt jener anonymer Zuhälter, der inzwischen etwas aus sich gemacht hat und jetzt ein reicher, geachteter Geschäftsmann ist, die Frauen zum ersten Mal kennen. Sie wissen nichts von ihm. Aber er weiß alles über sie, nicht wahr? Jedenfalls sieht er diesen Engel – Roz – und verliebt sich auf den ersten Blick rettungslos in sie. Und bald darauf heiraten sie.«

Ich berührte die Köchin am Arm und unterbrach sie. »Wollen Sie damit sagen, der Zuhälter war Benjamin Polikoff?!«

»Ja. Ben. Er liebte Roz abgöttisch. Er wurde der wunderbarste Ehemann, den eine Frau sich wünschen kann. Und ein wunderbarer Freund für das ganze Quartett. Er hat ihr ein phantastisches Leben geboten, und ich weiß, sie liebte ihn auch.

Aber anders als im Märchen ist diese Liebesgeschichte

an dieser Stelle nicht zu Ende. Roz hat ihn vielleicht von ganzem Herzen geliebt, aber er langweilte sie. Sie wurde ihm untreu, hatte Affären – die meisten davon waren ohne Bedeutung. Aber dann kam Gryder. Das Verhältnis mit ihm war so ernst, daß sie Ben beinahe verlassen hätte. Doch auch das ging zu Ende. Das dachten wir jedenfalls. Wie Ben herausfand, war es nicht wirklich aus. Roz und Gryder trafen einander jahrelang immer wieder – für die beiden war es nie ausgewesen.

Sie wissen, warum sie hierherkamen, um sich zu erholen. Diese Europatournee war für alle schrecklich gewesen. Sie sollten hier untertauchen und Musik machen. Dann kamen die Besucher. Und eines Tages erscheint Gryder hier.

Als Roz zu ihrem Mann zurückging, hat sie Gryder furchtbar verletzt. Schließlich war dieser Pianist ein manischer Egozentriker. Er hielt sich für den besten Pianisten auf der ganzen Welt. Und für den besten Liebhaber. Und für den besten Schriftsteller – was auch immer. Aber so sehr ich ihn verabscheute, ich weiß, daß er Roz auch geliebt hat. Er war besessen von dem Gedanken, sie wieder ganz zurückzugewinnen, also beschloß er, ein Buch über das Ensemble zu schreiben und Ben damit zu erpressen.

Er begann Roz gegenüber Andeutungen zu machen, daß er über alle, die mit dem Ensemble zu tun hatten, eine Menge seltsamer Dinge herausgefunden hatte. Sie erzählte es Ben. Ben machte sich immer größere Sorgen. Er hatte Angst, daß Gryder wußte, daß er, Ben, Zuhälter gewesen war. Ben wußte, wenn Roz je von seiner Vergangenheit erfahren sollte, würde sie ihn auf der Stelle verlassen. Können Sie sich vorstellen, mit dem Mann verheiratet zu sein, der Ihre eigene Erniedrigung inszeniert hat, Sie diesem Horror ausgesetzt hat? Nein, natürlich nicht.

Schließlich sagte Gryder Ben ins Gesicht, daß er dieses schreckliche Buch schreiben würde, in dem alles drinstehen würde. Ben versuchte es ihm auszureden. Er versuchte alles – er bot ihm Geld an, Tourneen und Plattenaufnahmen, die Will viel Geld bringen würden, alles. Doch Gryder lehnte ab. Er wollte Roz oder gar nichts.

Und dann kam jene furchtbare Nacht, in der Ben aufhörte zu bitten. Und ihn umbrachte. Ich habe ihn gesehen – danach. Er erzählte mir, was passiert war, und er sagte, er habe, so gut er konnte, versucht, es wie einen mißglückten Raubüberfall aussehen zu lassen. Er gab mir alles, was Gryder besaß, damit ich es beseitige. Und das tat ich auch – bis auf diesen Ring.«

»Hat Ben diesen Autounfall arrangiert?« fragte ich.

»Ja. Er erzählte mir, er hätte einem Jugendlichen aus der Stadt Geld gegeben, damit er irgend etwas mit einem Seil und einem Stofftier inszenierte – ich weiß nicht, wer es war. Er wollte, daß es so aussah, als habe es derjenige, der Gryder umgebracht hatte, auch auf ihn abgesehen. Er war in einer verzweifelten Lage. Er dachte sich sogar eine Geschichte aus, daß ich gesehen hätte, wie ihn Will verprügelt habe. Er hoffte, wenn es zum Schlimmsten käme und er des Mordes angeklagt würde, dann wäre das ein Beweis dafür, daß Will ihm gegenüber gewalttätig gewesen war. Und daß das für Notwehr sprechen würde.«

Mrs. Wallace ließ den leeren Kaffeebecher auf den Boden fallen und starrte darauf hinunter. »Aber er konnte das Manuskript für das Buch nicht finden«, murmelte sie. »Er suchte und suchte, aber er konnte es nicht finden. Und ich auch nicht – damals nicht und heute nacht auch nicht.

Roz ist jetzt schon seit Tagen in Seattle; sie spielt dort mit einem Ensemble. Vor ein paar Tagen war ich bei Ben in der Wohnung, als die Post kam. Wir dachten, daß ihn jetzt jemand anderer erpressen wollte. Die Karte schien darauf hinzuweisen, daß das Manuskript noch hier im Haus war. Also beschlossen wir, daß *ich* herfahren und nachsehen sollte.«

Zum ersten Mal, seit wir hereingekommen waren, ergriff Donaldson das Wort. »Warum hat Sie dieser Polikoff so in der Hand? Warum haben Sie ihm noch weiter geholfen?«

Wieder begann sie zu weinen, riß sich aber bald zusammen und wischte sich mit ihrer Mütze die Tränen ab. »Ich habe Ihnen gesagt, was Ben einmal war – Zuhälter. Aber ich habe Ihnen nicht gesagt, daß ich auch einmal in diesem Gewerbe war. Ja, ich war eine Hure. Ich war nicht mehr jung, und ich wollte damit aufhören. Ben hatte damals einen kranken Vater. Er engagierte mich, damit ich mich um den alten Mann kümmerte. Er gab mir ein Dach über dem Kopf, Geld, Essen, er schickte mich zur Schule, alles. Und als mich der alte Mann heiraten wollte, gab uns Ben seinen Segen. Nein, die Ehe war nichts Besonderes – er war alt und gebrechlich. Aber er liebte mich wirklich. Ben Polikoff gab mir die Chance, zu erfahren, wie das ist – jemanden zu haben, der einen wirklich liebt. Ich würde alles für ihn tun. Und warum auch nicht? Er hat für das, was er als junger Mann getan hat, bezahlt. Und jetzt macht er nichts anderes, als auf alle anderen aufzupassen.«

Ford Donaldson nickte mir zu, offenbar um mir zu verstehen zu geben, daß wir alle für den Augenblick genug hatten. »Ich werde Mrs. Wallace jetzt mitnehmen, Alice. Wegen Polikoff werden wir uns mit der New Yorker Polizei in Verbindung setzen. Wollen Sie und Ihr Freund sich nicht ein wenig ausruhen? Lassen Sie hier nur die Tür einschnappen; wir sprechen uns dann morgen früh.«

Donaldson nahm Mrs. Wallace fest am Arm und ging mit ihr zur Tür.

»Nur einen Augenblick«, sagte ich. »Mrs. Wallace, hatte Ben irgend etwas mit den Katzendiebstählen zu tun?«

Sie sah mich verdutzt an.

»Die Scottish-Fold-Katzen, die gestohlen und verkauft wurden«, sagte ich.

»Ich weiß nicht, wovon Sie sprechen«, sagte sie verwirrt. »Ben mag Katzen gar nicht.«

Tony und ich gingen zurück zum Auto. Wir waren durchgefroren und erschöpft, aber ziemlich überdreht nach unserem Triumph.

Sobald wir im Auto saßen, sagte Tony: »Spielen wir noch eine schnelle Runde Casino. Elf Punkte. Der Verlierer zahlt die Drinks.«

»Die Drinks! Tony, wir sind hier nicht in Manhattan. Wir werden kein Lokal mehr finden, das offen hat.«

»Mach dir darüber keine Sorgen. Wenn ich gewinne, denke ich sowieso an eine andere Art der Bezahlung«, meinte er vielsagend.

»Und außerdem«, protestierte ich, »mogelst du!«

»Ich doch nicht. Du hast gemogelt. Du kennst nicht mal die verdammten Spielregeln.«

»Na schön, Besserwisser«, sagte ich. »Gib.«

»Super«, sagte er grinsend. »Und ich wette, du hast gedacht, wir seien zu alt, um im Auto zu knutschen.«

Ich begann haushoch zu gewinnen. Es war eindeutig, daß ich ihn vernichtend schlagen würde. Ich hatte bereits drei Asse, die gute Zehn und die meisten Pik.

Tony begann zu lachen. Was mich nervte; schließlich wurde er gerade vollkommen fertiggemacht.

»Ich kann an deiner Situation nichts Lustiges entdekken, Basillio. Du wirst die Feier bezahlen müssen.«

»Das stimmt. Darüber habe ich auch nicht gelacht. Ich habe darüber gelacht, daß ich bis ins hinterste Eck von Massachusetts fahren mußte, um zu erleben, wie die große Nestleton mit ihrer Kunst am Ende ist.«

»Was meinst du damit, Basillio? Ich habe doch herausgefunden, was passiert ist, oder? Meine Falle hat funktioniert, oder? Wir wissen, wer der Mörder ist, oder?«

»Ja, Katzenfrau, aber das Verbrechen hatte nichts mit Katzen zu tun. Deine Theorie über den Diebstahl der Scottish-Fold-Katzen hat sich als bedeutungslos erwiesen. Mrs. Wallace hatte keine Ahnung, wovon du überhaupt sprachst.«

»Spiel weiter, Tony«, sagte ich und knallte eine Karte auf den Sitz. Ich schlug ihn zehn zu eins.

Als wir die schlafende Stadt samt Umgebung nach einem Pub absuchten, das geöffnet hatte, dachte ich daran, was Tony über meinen Irrtum bezüglich der Katzen gesagt hatte. Vielleicht hatte er recht, aber Tony wußte nicht, daß Lulu ein Geschenk von Will Gryder an Beth Stimson gewesen war. Warum sollte er ihr ausgerechnet eine Katze dieser Rasse schenken? Vielleicht weil er sich vor vielen Jahren einmal für Scottish-Fold-Kätzchen interessiert hatte, nachdem er sie zusammen mit ihren Stammbaum-Papieren gestohlen hatte. Aber das war ein anderes Verbrechen. Und Will Gryder war tot.

Natürlich haben wir kein offenes Pub gefunden. Also fuhren wir zurück ins Hotel. Ich verlangte von Basillio Bargeld im Wert von vier Cognacs. Er stülpte seine Taschen um, um mir zu zeigen, daß er kein Bargeld hatte.

»Ziemlich mies von dir, dich auf diese Art vor einer Schuld zu drücken, Tony«, sagte ich; ich wußte, in seiner anderen Hose steckten drei Zwanziger.

Er schilderte mir, was er statt dessen anzubieten hätte, und ich erklärte mich widerwillig mit den neuen Zahlungsbedingungen einverstanden. Ich fand, im großen und ganzen wurde der Gerechtigkeit Genüge getan.

AtV

Band 1074 **Lydia Adamson**

Eine Katze macht Theater

Kriminalroman

Aus dem Amerikanischen von Julia Schade

192 Seiten
ISBN 3-7466-1074-5

Alice Nestleton, ihres Zeichens besonders erfolglose Schauspielerin, hat nichts gegen Katzen. Im Gegenteil, sie liebt ihre Schützlinge Bushy und Pancho heiß und innig und betätigt sich sogar als professioneller Catsitter. Aber als ein Schauspielschüler, der unglücklich in sie verliebt ist, ihr eine weiße abessinische Katze schenkt, gerät sie in ernste Schwierigkeiten. Denn erstens wird die Katze sofort gestohlen, und zweitens ist der Student wenig später tot – in einer Bar erschossen.
Ein wahres Katzendrama beginnt. Alice läßt nichts unversucht, das Tier wiederzufinden – auch wenn sie ganz Manhattan auf den Kopf stellen muß.

AtV

Band 1174

Lydia Adamson
Eine Katze hinter den Kulissen

Kriminalroman

Aus dem Amerikanischen von Julia Schade

228 Seiten
ISBN 3-7466-1174-1

Weihnachten in New York. Alice Nestleton, Detektivin mit der Vorliebe für Katzen, findet endlich Zeit, sich eine Ballettaufführung anzusehen. Doch hinter den Kulissen kommt es zu einem mysteriösen Zwischenfall. Der vormals gefeierte russische Tänzer Peter Dobrynin, der nun als Vagabund umherzieht, wird erschossen. Als ihre Freundin Lucia verdächtigt wird, schaltet Alice sich ein. Ein wahrer Alptraum beginnt: Unter den Obdachlosen der Stadt sucht sie nach dem Mörder – und begegnet der ungewöhnlichsten Katze von ganz New York.